すごいぞ！

# 関西ローカル鉄道物語

田中輝美

140B

阪堺線東玉出停留場を発車したモ 501 形 502 号。街を走り、「ちん電」の愛称で沿線の人々から親しまれる阪堺電車の長い歴史はまさに波瀾万丈。

# 大阪

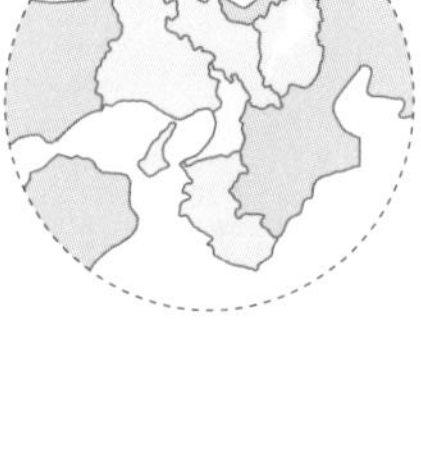

# 水間鉄道

森駅から名越（なごせ）駅へと向かう水間鉄道1000形。ステンレスのボディに映える鮮やかな水色のラインは、名車が取り持つ縁によるものだった。

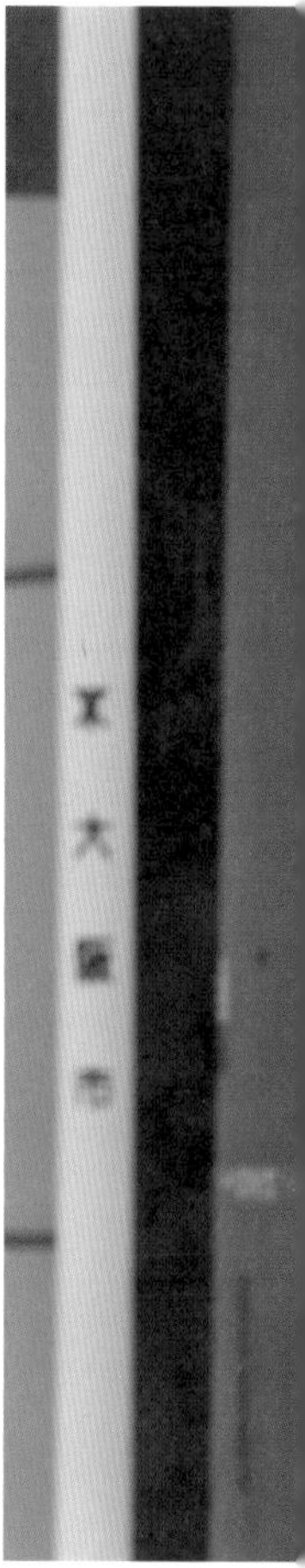

紀州鉄道

日本最短のローカル私鉄である紀州鉄道の終点・西御坊駅は突然に訪れる。とてもユニークなこの光景も、地域と鉄道をめぐる物語の１ページ。

# 和歌山

和歌山電鐵

ローカル鉄道ブームの立役者の一人である和歌山電鐵。「たま電車」に乗り、終点の貴志駅へ向かうと、なるほどその人気の理由がよくわかった。

# 滋賀

## 信楽高原鐵道

山を抜け、焼きものの里へと向かう信楽高原鐵道。何度も何度も危機を乗り越えてきた歴史の舞台裏には、住民たちの熱い想いがあった。

「新」が付くのに古い木造駅舎の新八日市駅をはじめ、近江鉄道にはレトロ感が満載。懐かしさを味わう旅にでかけよう。

## 近江鉄道

北条鉄道

粟生駅を発車した北条鉄道のフラワ2000-3号。小さな川に架かる橋を渡って、網引駅へと向かう。

# 兵庫

神戸電鉄

坂を上がり粟生線志染駅へ入線してきた神戸電鉄 5000 系。
すれ違ったのは「ウルトラマン電車」こと 3000 系。

## 京福電鉄

沿線地域との協力関係を築き、さまざまな取り組みを進める「嵐電」こと京福電鉄。古刹・広隆寺の正面を通って、モボ611形が太秦広隆寺駅に入線。

## 京都丹後鉄道

撮り鉄にはおなじみ、由良川橋梁を渡る「丹後ゆめ列車」ラッピングのKTR700形701号。沿線の魅力を活かした名物づくりは丹鉄の得意技だ。

## 叡山電車

出町柳駅に入線してきた観光列車「ひえい」。2017 年にデビュー。思わず目を奪われるデザインには、叡山電車ならではの理由があった。

# 京都

# はじめに

## 汗と涙と鉄分と。

あなたは、何鉄ですか？

「あ、そんなに鉄道好きじゃないので……」と、この本を閉じようとしたあなた！　大丈夫です。関西が好きだったり、お出かけが好きだったり、日常をちょっと楽しくしたいなんて思ったりしているなら、この本はきっと楽しんでいただけるはず、です。

「自分は○○鉄です」と即答できるあなた、待ってました！　熱烈歓迎。

乗り鉄、撮り鉄、車両鉄、駅鉄、音鉄、切符鉄、駅弁鉄、模型鉄、時刻表鉄、スジ鉄、呑み鉄、食べ鉄、駅そば鉄、押し鉄、収集鉄、技術鉄、部品鉄、レール鉄、路線図鉄、配線鉄、行き先鉄、回顧鉄、文字鉄（順不同）……

多様な鉄道ファンが存在していますよね。たとえば音鉄は鉄道に関するあらゆる音を収録して楽しむ人、文字鉄は駅名標の文字を研究する人、押し鉄は駅スタンプを集める人。自分なりの愛し方でいいのです。そこにはルールも限界もない。鉄道：ｉｓフリーダム。なんてステキな世界でしょう。

ちなみにわたしは乗り鉄です。ＪＲは全路線を乗りました（業界用語で完全乗車＝

完乗といいます)。本職はローカルジャーナリスト。中国地方の島根県に暮らしながら、地域を専門に本やウェブで執筆活動をしています。

そんなわたしがなぜこの本を書いているのか。一つは、過去に地域と鉄道の再生をテーマにした本を書き、各地のローカル鉄道を訪ね歩く中で、「関西のローカル鉄道ってすごい!」という場面にたくさん出くわしたということがあります。

無根拠に「関西ってこうだよね」と乱暴な決めつけ方はあまりしたくないのですが、それでもやはり関西イズムというのか関西魂というのか、底流に流れる独特の気風は、確かにあるのだと思わされました。

「『どこまでやりよんねん』っていうのが大事」と珍企画を連発する鉄道。お坊さんやコントラバス奏者、婚活のアドバイザーなど多彩な鉄道ファンに支えられる鉄道。自社工場の匠が手がける複雑怪奇、意味不明な改造車両群を抱える鉄道もあります。電車を運転しているのに、乗客のおばちゃんから飴ちゃんや栄養ドリンク、はたまたみかんまでもらったというエピソードもありました。

とにかくユーモアとキャラが際立っている。これは他の地域ではなかなか見られないことで、リスペクトせずにはいられませんでした。それもそのはずです。鉄道は、飛行機やバスと比べても、圧倒的に地域と密接であり、ローカリティが宿っているからです。

ローカル鉄道の歴史を振り返ると、必ずと言っていいほど、先人の汗と涙があります。鉄道を敷くことは一大事業でした。地元の名士が財を投げ打った、住民たちがお金を出し合った……。他の地域とつながりたいという強烈な欲求や、郷土を発展させたいという熱い思いがそこにはありました。

最近は車社会の浸透や人口減少に直面し、ローカル鉄道は逆境にあります。知恵を絞り、試行錯誤を続けなければ、地域に鉄道は残りません。でも、逆に言えば、ピンチはチャンス。だからこそローカル鉄道はチャレンジするしかない。イノベーションが生まれる最前線になっているとも言えます。こうして関西の風土が育て、関西に生きる人々の汗と涙が詰まっているのが、関西のローカル鉄道なのです。

しかし、関西と言えば、阪急・南海・阪神・近鉄・京阪という五大私鉄の存在感が圧倒的。その陰に隠れてローカル鉄道は存在感が薄く、奮闘ぶりも残念ながらあまり知られていないのが現状です。

ですが、あらためて宣言します。五大私鉄以外にも、関西には個性豊かでおもしろいローカル鉄道がたくさんある。ぜひ乗りに行って、味わってほしい！　乗ったことがないなんて、もったいない!!

この本に登場するのは、大阪・和歌山・京都・滋賀・兵庫の5府県を走っている11のローカル鉄道です。各鉄道の見どころや、その背後にある「なぜ」を大切に描いたつもりです。同時に各鉄道を楽しむためのモデルコースを提案し、その地域に根ざしたローカルフードやお土産も紹介しています。

目指したのは、関西のローカル鉄道11社の汗と涙のストーリーに「鉄分」を加えた、これまでにない新しい鉄道&ローカルガイドです。読んだ後で乗りに出かけてみると、なにげない景色がこれまでとは違って見え、単なる移動にちょっとした楽しみや彩りが加わっている。そんなお手伝いができたなら、著者としての最高の喜びです。

# 目次

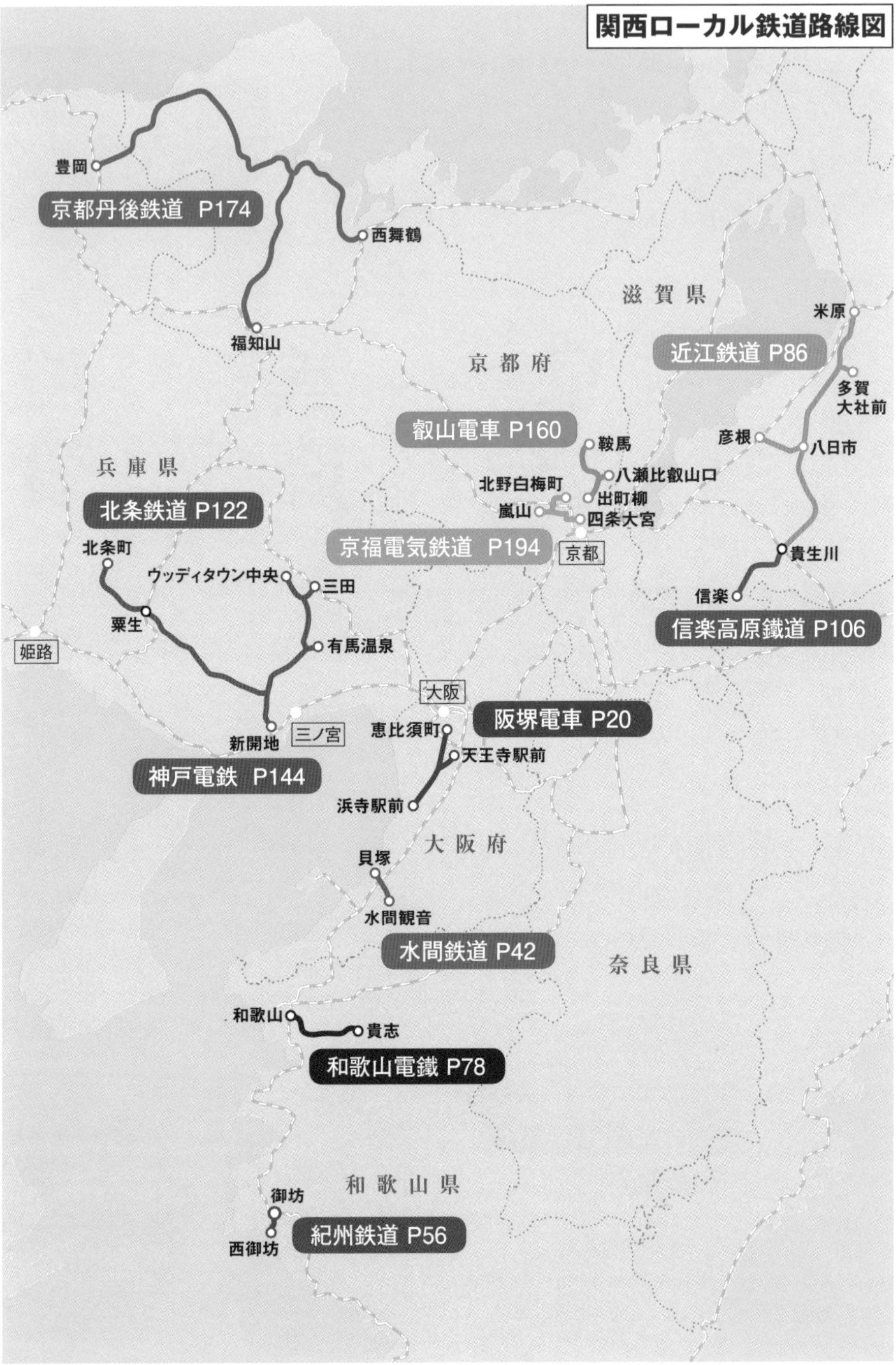


※内容に合わせて省略しています。

# 関西ローカル鉄道に乗りに行こう！

◎各社主要駅への鉄道での主なアクセスやターミナルからの所要時間を表記しています。
◎所要時間は特に記載のない場合、有料特急以外での移動を想定したおおよその時間です。

## 大阪

### ●阪堺電車

**【上町線／天王寺駅前停留場】**…JR 天王寺駅すぐ〈JR 大阪駅より約 20 分〉

**【阪堺線／恵美須町停留場】**…大阪メトロ堺筋線恵美須町駅すぐ〈大阪メトロ梅田駅より約 20 分〉

### ●水間鉄道

**【貝塚駅】**…南海貝塚駅に接続〈南海難波駅より約 30 分〉

## 和歌山

### ●紀州鉄道

**【御坊駅】**…JR 御坊駅に接続〈JR 新大阪駅より特急で約 1 時間 45 分、JR 天王寺駅より約 1 時間 30 分〉

### ●和歌山電鐵

**【和歌山駅】**…JR 和歌山駅に接続〈JR 大阪駅より約 1 時間 30 分〉

## 滋賀

### ●近江鉄道

**【近江八幡駅】**…JR 近江八幡駅に接続〈JR 大阪駅より約 1 時間 5 分、JR 京都駅より約 35 分〉

**【米原駅】**…JR 米原駅に接続〈JR 大阪駅より約 1 時間 25 分、JR 京都駅より約 55 分〉

### ●信楽高原鐵道

**【貴生川駅】**…JR・近江鉄道貴生川駅に接続〈JR 京都駅より約 50 分、近江鉄道米原駅より約 1 時間 45 分〉

## 兵庫

### ●北条鉄道

**【粟生駅】**…JR・神戸電鉄粟生駅に接続〈JR 加古川駅より約 25 分、神戸電鉄新開地駅より約 1 時間 10 分〉

### ●神戸電鉄

**【新開地駅】**…神戸高速鉄道新開地駅に接続〈阪急・阪神神戸三宮駅より約 10 分、山陽姫路駅より約 55 分〉

**【粟生駅】**…JR 粟生駅に接続〈JR 加古川駅より約 25 分〉

**【三田駅】**…JR 三田駅に接続〈JR 大阪駅より約 40 分〉

## 京都

### ●叡山電車

**【出町柳駅】**…京阪出町柳駅に接続〈京阪淀屋橋駅より約 55 分〉

### ●京都丹後鉄道

**【福知山駅】**…JR 福知山駅に接続〈JR 大阪駅より特急で約 1 時間 35 分、JR 京都駅より特急で約 1 時間 20 分〉

**【西舞鶴駅】**…JR 西舞鶴駅に接続〈JR 京都駅より特急で約 1 時間 30 分〉

### ●京福電鉄

**【四条大宮駅】**…阪急大宮駅すぐ〈阪急京都河原町駅より約 5 分、阪急梅田駅より約 45 分〉

◎写真は取材時のものです。現在は変更されている場合があります。
◎料金・価格・サービスなどは２０１９年12月時点でのものです。

# 大阪

住吉大社の鳥居前を通過するモ501形505号。大阪の人にとっては心安らぐ風景の一つ。

大阪府

# 阪《はん》堺《かい》電車

愛される「ちん電」、その波瀾万丈。

大阪市〜堺市

## 沿線風景はワンダーランド

阪堺電車は天王寺駅前から延びる上町線と、恵美須町《えびすちょう》駅から延びる阪堺線の2路線を運行しています。「すみよっさん」こと住吉大社への参詣に利用され、2路線は神社の西側の道路で交差しています。

古代の熊野街道をなぞるように延びる上町線の途中には、高級住宅街として知られる帝塚山があり、住吉高校や帝塚山学院など沿線の学校への通学や、通勤・通院などの利用が多く、近年は地域密着型の色合いが濃くなっています。一方の阪堺線は、通天閣のお膝元が始発駅。近年ではインバウンドによる外国人観光客の利用も増えています。

路面電車とは、正確には道路上に敷設された「軌道」の上を走る電車のことです。鉄道とは違い、基本的には「併用軌道」を走り車と共に道路をシェアし、専用の軌道が敷かれた区間は新設（専用）軌道と呼ばれます。阪堺電車では併用4：新設6の割合となっていて、路面電車としては新設区間の割合が非常に多いのが特徴です。

鉄道との違いは他にもあります。まずは車両。路面電車は1両が全長11～13ｍ、重さ15ｔ程度、定員は70～90人程度とコンパクトなのに対し、鉄道では全長18ｍ～20ｍ、重さ約30～40ｔ、定員１５０人程度となっています。ちょっとマニアックなのがカーブの半径。狭い街なかを抜けていく路面電車では11ｍとかなりの急カーブが許容されているのに対し、鉄道は原則として最少１６０ｍとなっています。

会社名：阪堺電気軌道　創立：昭和 55 年（1980）
本社：大阪府大阪市　営業キロ：18.3km
路線：上町線（天王寺駅前～住吉）
　　　阪堺線（恵美須町～浜寺駅前）
停留場数：40ヶ所
2016 年度乗客数：799 万 3000 人（対前年比 99%）

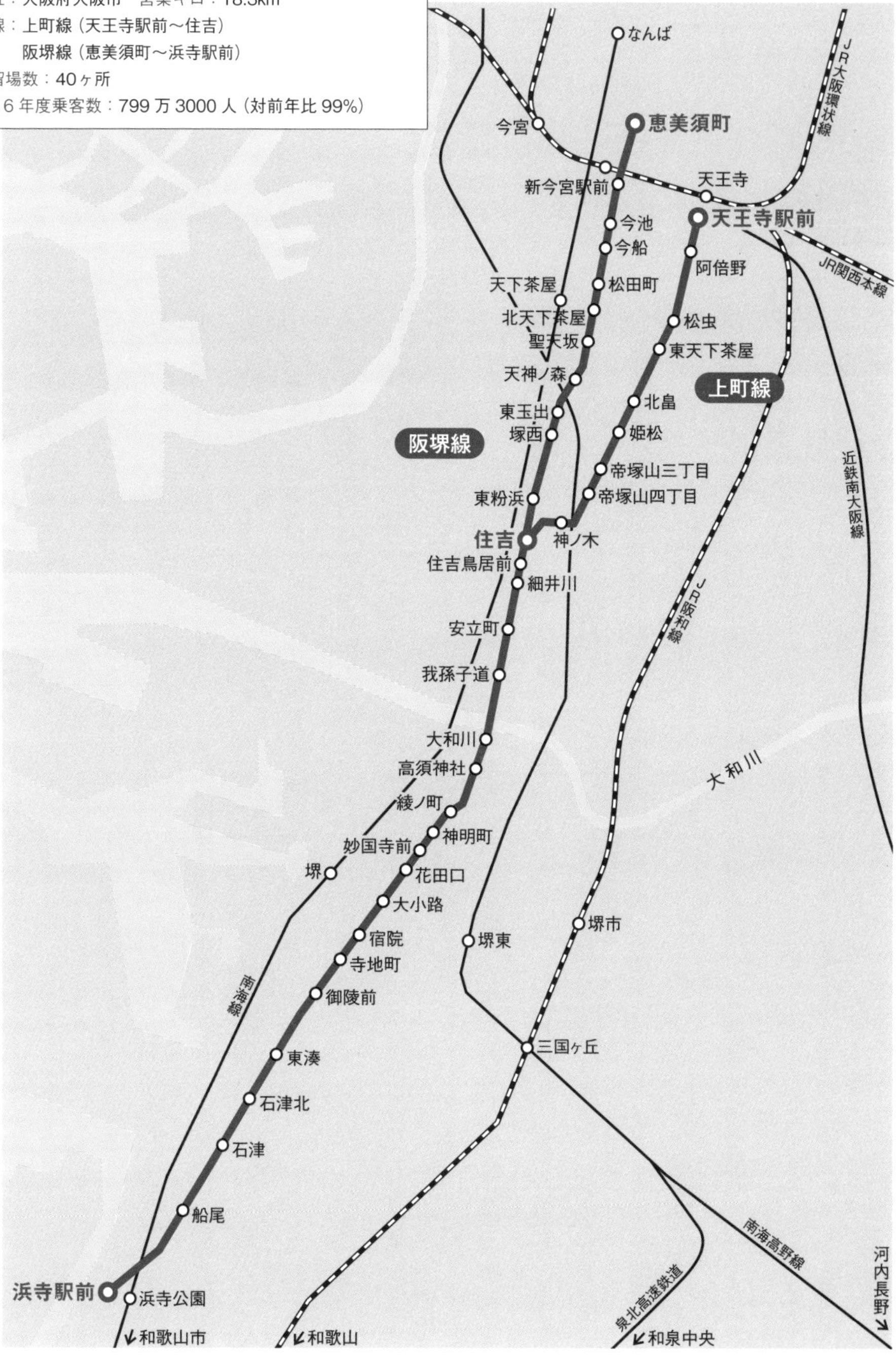

塚西停留場の恵美須町方面のりば。電車が停まっていないと信号待ちにしか見えない。

もう一つ違うのが駅です。路面電車の駅は正確には「停留場」といい、道路の中にあるシンプルな島形で、近距離の移動が多い路面電車らしく横断歩道を渡れば到着できるなど乗り降りしやすいものがほとんどです。

さて、一般的な路面電車のイメージは、市街地の道路の真ん中を自動車と並んで走っている、そんな感じではないでしょうか。確かに阪堺電車に乗っていると、すぐ横を自動車が追い抜いていったり、逆に追い越したり、時には自転車や人が急に横切っていったり。慣れない人にとっては、ちょっとスリリングな乗車体験を味わえます。

しばらく乗っていると、道路の上を走っていたはずが普通の電車のような専用の線路に変わり、またしばらくすると道路を走り、またまた線路に戻り、と思ったら路面電車なのに高架になって南海電車の上を走っている……。くるくる変わるその様子を見ているだけでも楽しめます。

停留場もまたワンダーランドです。阪堺電車には究極のバリアフリーな停留場があります。阪堺線の塚西停留場。ご覧の通り、なんと白線で囲まれているだけ！　線路が道路の一方に偏って敷かれ、上り線の道路幅に余裕がないことから、恵美須町方面行きホームは交差点付近の道路脇で待ち、電車が来たら路上の白線内に移動して直接乗り降りします。ホームも段差もありません。もちろん待合室も。同じ事情で隣の東玉出停留場も同じ白線のみの乗り場となっています。地元の人が当たり前のように立っている光景は、シンプルを通り越してシュールな雰囲気すら漂わせています。

上町線の起点である天王寺駅前停留場は、日本一高いあべのハルカスをはじめ、天王寺全体の大再開発が進む中、ひっそりとたたずんでいます。広い道路の真ん中にあり、なぜか地上か

右／ホーム隣接の喫茶店［コーヒールンバ］。駅近などというレベルではない。
左／中央分離帯のようにコンパクトな天王寺駅前停留場。

らは行けず、地下通路もしくは歩道橋から降りていく階段でつながっています。その様子は、駅（停留場）なのに「駅前」という、肩身の狭い名前と妙にシンクロしています。「阪堺電車のりば」と書かれたちょっぴり薄暗い地下道を通り、階段を上がりきると、すぐそこにあるのは頭端式2面1線のホームと車止め。なのに横にはクルマがびゅんびゅん通る。道路と一体化しながら、ターミナルでもあるという非日常感溢れる空間です。

はたまた喫茶店と一体化しているのが阪堺線の北天下茶屋《てんがちゃや》停留場。なぜかホームに「コーヒールンバ」という喫茶店の入口があるのです。駅チカ？ 駅ナカ？ いや、駅？ なぜこんなことになっているのでしょうか。

お店が先にあったのか、駅がもともとあったのか、今では誰も把握していないそうですが、昔々のおおらかな時代に「裏口つくったら便利なんちゃう？」という感じでこうなったのではというのがちん電サイドの見解でした。店内からは電車の発着の様子が見えます。お客さんは電車が来たのを確認してから立ち上がり、乗り込んでいきます。

そんな阪堺電車ですが、地元では「ちん電」と呼ばれているそう。本当かと地元の方に尋ねてみると、あっさり「そうやね」。商標登録もしっかり済ませています。というわけで、この本でもちん電と呼んでいきたいと思います。

線路かと思えばすぐ道路になり、その道路をよく見ると白線だけの乗り場があったりする。そして、地上からは行けない地上ターミナルや停留場直通の喫茶店。素晴らしきかな、ちん電ワンダーランド。

運転席の間には仕切りがない。運転士さんの背中越しに、あたたかく見守ろう。

## 距離の近さは愛の深さ

ちん電に乗って驚くのが運転席との近さです。一般的な電車では客室と運転席は仕切られていますが、その仕切りがないのです。

物理的な距離感だけではなく、住民との心の距離もやっぱり近いのかと思い、運転士の経験を持つ業務部営業課リーダー・松本圭晃《たかあき》さんに聞いてみたところ、近いなんてもんじゃない、びっくりな体験談を教えてくれました。

「おばちゃんから『飴ちゃん』もらうんですよ」

出た、大阪のおばちゃんの飴ちゃん！　テレビでもよく取り上げられますが、単なる都市伝説ではないどころか電車の運転士にもあげてしまうとは……。飴ちゃんに限らず、時には栄養ドリンクが差し入れされることも。日常的に使っている常連客にとっては、運転士も顔なじみになるのでしょう。

さらに、松本さんがふだんは休みの日に出勤して運転していると、「あら、今日は代わりに乗ってんの?」（つまり、本来なら休みであることを把握している）。運転席の横に来て「今、食べ」と、みかんを差し出されたこともあるそうです。さすがに最近はそういうやり取りも減ってきたそうですが、ローカル鉄道ならでは、いや大阪ならではといったところでしょうか。

ところで、自動車と一緒に走る路面電車の運転は、「苦労が絶えない。気を遣いますよ」と

ちん電ゴマさぶれも再現性が高い。こちらは3枚入り500円。

堺ちん電パンは1個1,000円。ネットでも購入できる。

松本さん。特に阪堺線塚西～東玉出近辺は道が狭く、路上駐車があると電車が進めなくなってしまうピンチに出くわすこともあるそう。ある時には、運転士だけでなくお客さんや近所の人も出てきて、みんなで一丸となってその車を動かし、再び走り始めたのだそうです。

また、車椅子の方が乗り降りする際には、運転士や社員が手伝う前に、お客さんたちが率先して手伝ってくれるそう。松本さんが車椅子を押していると、「手伝うわ。『おっちゃん、いけるかー』って。普通はお願いしてもなかなか手伝ってくれないですよね」。

こんな風に地域との距離が近いことが大きな特徴です。その愛されっぷりは、「ちん電グルメ」の多さからもうかがえます。

まずは公認の「堺ちん電パン」。つくったのはJR阪和線堺市駅すぐの「朝日製パン」。昭和28年（１９５３）創業の老舗で、学校給食がメインでしたが、阪堺電車のイベントに合わせて考案したパンが人気で、普段も販売できるように商品開発されました。やわらかいパン生地にチョコレートクリームを巻き込んだ、デニッシュと食パンの間のような食感。パンとパッケージはモ１６１形の車両です。

地下鉄御堂筋線あびこ駅前にある洋菓子店「フローレンス」では、同じく公認商品のモ１６１形（P35）の「ちん電ゴマさぶれ」も誕生しました。お店の定番商品だったゴマさぶれを電車型にして焼いたもので、車両にちなんで１６１円というお値段。３枚入りや、電車の形をしたスライド式パッケージに入った5枚入りも用意されています。

この他にも有名なのが「ちんちん電車もなか」。阪堺線御陵前停留場からほど近いもなか専門店「南曜堂」の商品です。２０００年代初めに阪堺電車の乗客が減り、経営危機に直面した際、

［南曜堂］ちんちん電車もなかは１個140円。［福栄堂］のちん電どら焼きは１個150円。

三代目の岡田泰人さんが、何か応援できないかと会社へ出向き、考案したのだそう。原型はモ２０５形。香ばしい皮の中につぶあんと求肥がぎっしり入っていて食べごたえがあります。

阪堺線終点の浜寺駅前停留場すぐにある［福栄堂］でも、ちん電の焼き印が押された「ちん電どら焼き」を販売しています。こちらも明治40年（１９０７）創業の老舗。さすが茶人の千利休を輩出した堺には茶の湯と和菓子の文化が根づいています。

## 敵か味方か、南海電車との相克

ところで、ちん電の生い立ちは少々複雑です。

まず上町線の起源は、明治30年（１８９７）5月に設立された大阪馬車鉄道株式会社までさかのぼります。馬車鉄道とは鉄道上を走る乗り合い馬車のことで、乗合馬車に比べて快適とされ、明治時代には大阪や函館など各地にありました。今でも上町線の東天下茶屋停留場のホーム端には、ひっそりと建つ馬車鉄道跡の碑を見ることができます。

大阪馬車鉄道が天王寺西門前から順次路線を延長していく中、沿線一帯の開発が進み、乗客数が増えていきました。そこで輸送力を増やそうと電化工事に着手します。工事途中の明治42年（１９０９）、南海電鉄の前身となる南海鉄道と合併して上町線とよばれるようになり、電化工事は南海鉄道が引き継ぎました。

翌年に工事が完了すると、天王寺西門前～住吉神社前間の営業運転が始まります。さらに大正２年（１９１３）には住吉公園まで延び、南海本線に接続できるように。その後、大正10年

（1921）、天王寺西門前〜天王寺駅前間を大阪市に譲渡。これによって上町線の起点が現在の天王寺駅前となり、ほぼ今と同じ状態になりました。

一方、阪堺線は明治43年（1910）、南海鉄道の社長を務めた関西の実業家・片岡直輝氏らが発起人となって設立した旧阪堺電気軌道株式会社が始まりです。不足していた大阪と堺・和歌山方面を結ぶ輸送力を補うことが目的で、翌年に恵美須町〜大小路《おおしょうじ》間、さらにその翌年3月に大小路〜少林寺橋（現御陵前）間、そして4月に少林寺橋〜浜寺駅前間が開通。現在の阪堺線の路線が完成します。

旧阪堺電気軌道はすべて電車で運転し、併走する南海鉄道と激しく競合しました。その競合があまりに熾烈で不毛ではないかという声が高まり、合併協議がスタート。やがて大正4年（1915）、両社は合併することでまとまり、南海鉄道の阪堺線となりました。

戦時中の昭和19年（1944）、南海鉄道は企業統合政策の一環で関西急行鉄道と合併して近畿日本鉄道に改称。上町線と阪堺線も同社の所属になりました。戦後、2線はその他の旧南海鉄道所属の路線と一緒に、昭和22年（1947）に新発足した南海電気鉄道に引き継がれました。

路面電車は昭和40年代以降、急速な車社会への移行、バスや地下鉄への転換が進んだことで、各地で廃止が相次ぎます。そうした流れの中、南海電鉄も阪堺線今池から平野を結んでいた平野線を昭和55年（1980）に廃止。上町線・阪堺線は残ることになりましたが、この2つの軌道部門を別会社として分離・独立させ、新たに子会社の阪堺電気軌道としてスタートすることになったのです。

南海電車とクロス。路面電車の方が高架を走るという、よく考えると面白い光景。

ちん電にとって南海とは果たして敵なのか、味方なのか？　歴史の相克を感じますが、子会社となった今も競わざるを得ない宿命を負っているのです。

路線図を見てみると、ちん電は南海の本線と高野線の間にあり、この2路線と並行して走っています。両者はまったく交わらないかというとそうでもなく、阪堺線東玉出の手前（北側）と上町線の神ノ木の手前で南海高野線と交差し、阪堺線終点の浜寺駅前手前で南海本線の上を越えていきます。でも、明確に接続している駅はありません。ちん電の浜寺駅前と南海本線の浜寺公園駅は地上を歩いて3分と微妙な距離。２０１６年に廃止されたちん電の住吉公園は南海本線住吉大社駅と近接していましたが、乗換指定駅である少し離れた住吉鳥居前のみになりました。

交わるのに、交わらない――。接続がスムーズなら連携して相乗効果を生むこともできますが、そうなってない以上、それぞれが孤独な戦いをするしかありません。結果的に乗客をどうしても奪い合う構図となりました。

とはいえ、ちん電は南海電車にあるような特急や急行に代表されるスピード感あふれる列車はなく、すべて各駅停車の路面電車。効率性が重視されがちな現代社会では不利になりがちです。

実際、阪堺電車の乗客数もどんどん減っていきました。昭和40年（１９６５）には９８７万人だった乗客は、２００３年には１４３万人と90％近い減少に。経営危機に直面したちん電はこの年、採算性の厳しい堺市内の路線を廃止したいと表明しました。政令指定都市である堺市の人口は83万人と、少なくはありませんが、大阪市内の路線が黒字なのとは対照的に堺市内は赤字となっていました。

堺市が２００２年に市民３０００人を対象に実施したアンケートでは、64・9％が「堺の資産として必要」と答え、68・6％が残すために市が支援をすべきだと答えたこともあり、堺市は２００４年度から補助金を増額。さらに、新しく「東西鉄軌道計画」の構想が持ち上がりました。

堺市内の東西を横断する新線計画は、明治時代中頃からたびたび浮上しながら実現してきませんでした。ようやく戦国時代に終止符を打ち、市内にある3路線をつなげようという悲願にも近い計画が動き出したのです。

路面電車を改良した新しい交通システムであるＬＲＴを導入する計画で、２００８年公表の基本計画では、市が路線を整備し、民間に運行を任せる公設民営方式が採用されました。総事業費は４２５億円。運行会社として指名されたのがちん電でした。各地で路面電車が消える中、耐え忍んできたちん電の新しい時代が幕を開けようとしていたのです。

しかし、そう簡単にうまくいかないのが世の常。２００９年の堺市長選で当選した竹山修身《おさみ》市長が公約に掲げていたのは、あろうことか東西鉄軌道事業を廃止するというもの。「南海本線と並行する中で、それでもなんとか地域に残したいと苦渋しながらやってきました。東西鉄軌道での相互乗り入れが唯一、光だったんです。それがなくなってしまった」。ちん電の悲願は泡と消えたのです。

## 「堺トラム」で起死回生

しかし、風向きは再び変わります。そのシンボルが2017年度のグッドデザイン賞を受賞した最新鋭の超低床車両「堺トラム」です。

1001形1001号、1002号、1003号の3編成があり、1001号車は阪堺線のイメージカラーである緑と堺ゆかりの千利休の詫びの白茶をイメージした「茶ちゃ」、1002号車は堺市の花である花菖蒲をイメージした「紫《し》おん」、1003号車は、かつて東洋一と言われた浜寺の海水浴場をイメージして「青《せい》らん」と名付けられています。

車内のシートには堺更紗をモチーフにした柄を使うなど、デザインにもこ

地元では「ザビエル公園」と呼ばれる戎公園前の花田口（はなたぐち）停留場に到着した堺トラムの「青らん」。

だわりが。車両の長さは16m、段差をなくして広いスペースを確保した車内は、車椅子やベビーカーでも使いやすく、「乗り降りしやすい」という声が寄せられています。

おや、東西鉄軌道計画が消え、ちん電は窮地に陥ったという話でした。新車を投入する余裕などどこにあったのでしょうか?

2010年1月、公約で東西鉄軌道計画廃止を掲げた竹山市長が阪堺の本社を訪れ、正式に事業の中止を申し入れました。公約とはいえ、ちん電側からみれば経営予定者として市と一緒に話を進め、この計画を前提に経営を行ってきただけに、あまりにも打撃が大きいと言えました。そこで再び、不採算路線である我孫子《あびこ》道《みち》以南の堺市内の路線の維持が困難であり、廃線にし

これぞ超低床。ホームとの段差が少ないのが大きな特徴で、誰でも乗り降りがスムーズな、まさしく地域住民の足。

たいと表明したのです。

ここで住民も立ち上がります。軌道や停留場を掃除したり、存続危機にあることを伝えるポスターを全停留場や沿線に貼るなど応援活動が活発化。さすがに廃止にすることはできないと判断したのか、堺市は2010年秋、以後10年間で50億円の支援を決定しました。

廃線危機から一転、転がり込んだ50億円という大金。松本さんは「補助金をもらえなければ、あかんかったかもしれません」とふり返ります。

この50億円をどう使うのか。まず着手したのが運賃体系です。安く、覚えやすいようにと、どこからどこまで乗っても運賃は200円の均一料金にしました（現在は210円）。ハード面では、国の地域公共交通バリア解消促進事業の採択を受け、乗り降りしやすい新車を製造することにしました。これが堺トラムだったのです。

路面電車を製造しているのは国内で3社に限られます。特にちん電は2016年に廃止されるまであったダイヤモンドクロス（Ｐ39）のクロッシングポイントなど、カーブの曲線がきつい場所があり、どうしても脱線リスクが高くなります。どういう車両のタイプならリスクを限りなく減らせるのか。実物大の台車を使って走らせ、脱線しにくいものを選びました。また、テストの結果、より安定性の高い車軸のあるタイプを採用しました。

メーカーは国内路面電車のトップメーカーであり、阪急阪神グループのアルナ車両（大阪府摂津市）に決定。これまで超低床車両は欧州メーカーから導入するケースが多かった中、アルナ車両が純国産製品で開発した「リトルダンサー」シリーズの一環です。お値段は１両２億５０００万円。

完成した堺トラムが走行しているのは天王寺駅前～浜寺駅前間で、１日１～２編成が運行。具体的な時刻はちん電のウェブサイトにも掲載されています。地元民だけでなく、「全車両に乗りたい」とわざわざ遠方から来る人もいるほどの人気ぶり。堺トラムは窮地から甦ったちん電の象徴なのです。

## 最古の車両で貸切パーティー

堺トラムが最新のヒーローなら、モ１６１形車両はベテランのスターです。車両鉄の間ではすっかり有名で、昭和３年（１９２８）に南海鉄道が投入し、現役で定期運用されている車両としては日本最古。車体は13ｍ。90年以上にわたって走っているとは驚きの一言です。

現在、営業運転可能な車両は１６１・１６２・１６４・１６６号の４両で、このうち一番人気の

モ161形の車両たち。貸切専用の161号（右上下）、緑一色がクールな162号（左上）、水色と雲がペイントされた164号（左下）。少しずつ意匠を変えながら使い続けられているのが素晴らしい。

１６１号は主に貸切専用となっています（初詣でにぎわう正月には通常運用することもあります）。２０１１年阪堺線開通１００周年記念事業として、昭和40年当時の姿に復元しました。車内の木の部分は塗装を剥いでニス塗りにし、ドアをつくり替え、真鍮の装飾を蘇らせ、屋根も鉛丹色に塗るなど、忠実に当時の姿が再現されています。撤去されていた信鈴と呼ばれる合図ベルも復活しました。

現役最古の車両を貸切できるこの企画は大人気。歓送迎会や同窓会、仲間内の集まりなど「動くパーティースペース」としても活用されています。食べ物や飲み物の持ち込みＯＫ、お酒の注文があれば積み込みもしてくれるという嬉しいサービスも。リピートが多く、２０１７年度の利用はなんと３００件。３ヶ月先まで予約で埋まっているそうです。ちなみに往復２時間強で５万５２００円。仮に30人で乗れば１人１８４０円。確かに安くておトクですよね。

さすがに２日に１回はメンテナンスが必要という手のかかる車両ではありますが、いざ運行するとたくさんの人がカメラを向けます。鉄道の写真を撮るのが好きな撮り鉄にとっても、路面電車はすぐ近くで撮影できる魅力があると言います。そうした撮り鉄向けに撮影会を定期的に設けているという気配りも、愛される理由の一つでしょう。事前に運行日を知りたければ、前日の夕方に電話をすると教えてもらうことができ、実際に問い合わせはかなりあるそうです。

これらを含めて所有車両は全34両。国内の路面電車で初となる空気ばね台車といった昭和32年（1957）当時の最新技術を駆使したモ501形、東急車両で製造したモ601形やモ701形など、バラエティに富んだ車両をたくさん抱えています。

特徴的なのは、モ161形以外の車両には色とりどりにペイントされたボディ広告を入れていることです。わたしが乗ったモ601形は、地元の「岡崎屋質店」の広告で、黄色と青色が鮮やかでした。こちらは上町線沿線にお店があり、現在8両もある、大口の広告主なのだそうです。

阪堺線開通100周年に合わせてちん電がよくテレビに映ったことから、広告としての価値が再認識されて人気が出始め、地元のお店や野村證券、住友不動産といった天王寺駅周辺に店舗を持つ大手企業などと契約しています。

契約期間は3年で、広告の引き合いは多いのですが、現在契約している企業を優先しており、なかなか枠が空かないのが実情です。たまに空きが出ると、毎回10社前後の申し込みがあり、高い競争率の中での抽選となります。今でもテレビに映ることは多く、人通りの多い市街地を走るとあって、「メディア」としての価値は高いのです。

そう聞くと景気が良さそうにも思えますが、コストを抑えるため、1両ずつ人の手で塗装

近寄ってみると手塗りであるとわかる。だからこそ車両全体にきれいに塗れるのだ。

しているのだそう。通常のボディ広告は印刷したフィルムを車体に貼り付けるラッピングが主流。大阪市内を走っているとはいえ、ローカル鉄道の涙ぐましさを感じさせるディテールです。大正13年（１９２４）から現在も使われている我孫子道車庫には、塗装のためのハケやペンキが並んでいました。

　他にも沿線の地酒利き酒ツアーをはじめとした旅行企画も人気で毎回満席に。認知度の低い大阪北部に貸切電車を紹介する折り込みチラシを入れるなどの努力も欠かしません。こうした努力が実り、近年乗客数は上向き、経営改善も進んでいます。廃線を申し出た２００３年度の１４３万人から、２０１６年度は７９９万３０００人と大幅にアップし、その後も好調が続いています。

　インバウンドによる外国人観光客の乗車を増やそうと、ツアーに組み込んでもらったことも好影響をもたらしており、今後も関西国際空港への路線を持っている南海電鉄と協力しながら接点を増やしていく考えです。

　それでも堺市からの50億円の支援は２０２０年度までの予定。その後のことはまだこれからです。軌道事業でしっかり乗客を増やしていきながら、複業的な事業も増やして経営を安定させ、黒字化することが目標と松本さんは話します。

「われわれの役割は身近な地元の足。維持・継続が最大の目的です。沿線人口が減るのはわかっていますので、交流人口がより大切になる。そのためにも大阪唯一の路面電車ということで興味を持ってもらい、乗ってもらう。そのためにもまずは知っていただくことに力を注ぎたい。電車は乗っていただいてなんぼです」

鉄分補給
【阪堺電車編】

# 追憶のダイヤモンドクロス

在りし日のダイヤモンドクロス。2012年10月に撮影。

2016年1月、上町線の住吉公園～住吉間（0.2㎞）が廃止されました。線路の敷設から60年が経って老朽化し、改修に数億円かかることや、住吉の一つ南にある住吉鳥居前まで70mしか離れていないことなどが理由です。経営上の判断としてはやむを得なかったのでしょうが、二つの名物が失われました。

一つは「ダイヤモンドクロス」です。二つの路線が平面交差し、ちょうどレールが漢字の「井」のような形になります。路面電車同士の平面交差はとさでん交通（高知県）のはりまや橋とここにしか残っていなかったことに加え、ちん電は斜めに交差する擬似ダイヤモンドクロスというなかなかない構造ということもあり、「鉄には痺れる」と密かに人気を集めていました。

もう一つの名物が終点の住吉公園駅です。朝の通勤時間帯しか発着がなく、2014年のダイヤ改正からは同駅発着の列車は朝の5往復のみ（土曜・休日は4往復）となり、1日の乗客も70～100人でした。平日は8時24分に発車する天王寺駅前行きが「終電」。日本一終電の早い駅として知られ、レトロな駅舎の雰囲気から「都会の秘境駅」とも呼ばれていました。

その後、交差する部分の軌道は改修が行われました。駅ホームは撤去され、跡地は駐車場となっていますが、大正2年（1913）の駅舎はそのまま残されています。

旧住吉公園駅の駅舎。旧字で書かれた「驛」の文字が古めかしい。建物は今も残っている。

おすすめコース 1

やってみよう！

# 【阪堺電車】ちん電ワンダーランドと堺名物めぐり

START

恵美須町

新しくなったホームから出発しよう。（写真は以前のもの）

阪堺線

北天下茶屋

［コーヒールンバ］でモーニングを食べよう。→ P25

東玉出・塚西

白線だけしかない停留場に並んでみよう。
→ P24

住吉鳥居前

住吉さんにはもちろんお参りしよう。

寺地町

［かん袋］のくるみ餅で甘味補給しよう。
→下欄参照

御陵前

［南曜堂］で「ちん電もなか」を買おう。→ P27

浜寺駅前

［福栄堂］で「ちん電どら焼き」（→ P28）を買ったついでに、カフェに生まれ変わった南海浜寺公園駅旧駅舎を見学しよう。

阪堺線→上町線

GOAL

天王寺駅前

道路中央にある駅に堺トラムで行こう。→ P25

阪堺電車で大阪市内から堺市内にかけてめぐるなら、1日乗車券（大人 600 円）が断然おすすめ。スクラッチカード式になっていて、乗車日を削って提示するのが面白い。また、堺トラムに乗りたい場合はツイッターを要チェック。「茶ちゃ」「青らん」「紫おん」それぞれにアカウントがあり、位置情報を教えてくれる。

## 駅近の名店　寺地町

### かん袋

鎌倉時代末期の元徳元年（1329）がお店の始まりという老舗中の老舗。「かん袋」という店名は豊臣秀吉の命名とされ、あんでお餅をくるむ（包む）「くるみ餅」と、そのくるみ餅が入った夏季限定の氷くるみが有名。くるみ餅シングル 370 円、ダブル 740 円（氷くるみも同じ値段）。

●堺市堺区新在家町東 1-2-1　☎ 072-233-1218
10:00AM ～ 5:00PM（売り切れ次第終了）　火・水曜休

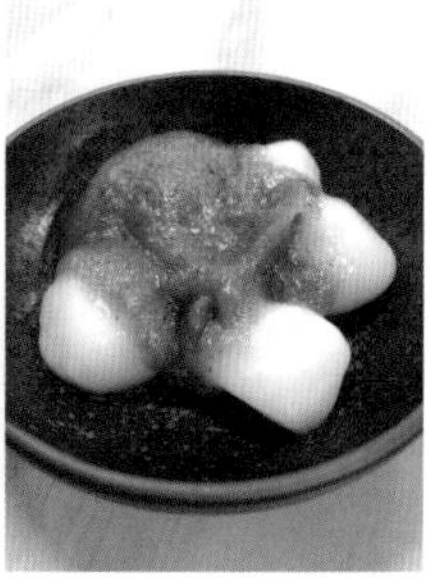

大阪

# 水《みず》間《ま》鉄道

由緒正しき
参詣鉄道の挑戦。

貝塚市

水間鉄道の始発駅である貝塚駅。南海電車から乗り継ぐと、打って変わってローカル鉄道らしい雰囲気が漂う。

## 地元の縁が廃線危機を救う

寺社への参詣の足として発達した日本の鉄道。海外には寺社参詣の文化はなく、日本独特の鉄道のあり方と言われています。その見本のようなローカル鉄道の一つが水間鉄道です。水間鉄道は厄除けで知られる水間寺への参詣客を運ぶ鉄道として誕生しました。参詣に車を使う人が多くなったこともあり、近年は通勤・通学客が乗る都市型路線に姿を変えています。乗客は南海本線に接続する貝塚駅から大阪・難波方面に出る通勤客のほか、地元の貝塚高校、貝塚南高校などに通学する高校生が中心。現在は20分に1本というわかりやすいダイヤを組んでいます。

水間鉄道の設立計画は大正時代にさかのぼります。大正13年（1924）、水間寺への参詣客を運ぶ鉄道を走らせるべく水間鉄道株式会社が設立されました。翌年、貝塚～水間観音までの水間線全線が開通。そのきっかけは設立発起人の1人で常務取締役になった川崎覚太郎が水間寺へ初詣に出かけたのがきっかけとされています。当時の水間寺には鉄道もなく、アクセスは不便でしたが、それでも参詣客が殺到していました。元南海鉄道の難波駅長でもあった川崎は、鉄道を敷いて水間寺を中心に開発すれば将来発展するのではないかと、有志と計画を相談したとされています。

終点の水間観音駅に降り立つと、お寺の屋根にある相輪が目に飛び込んできます。駅舎は水間寺への参詣の入口であることにちなんだ卒塔婆風のデザイン。開業時の大正時代には珍しかった鉄筋コンクリートで建てられ、国の登録有形文化財に指定されています。

上／終着駅の水間観音駅は大正 15 年（1926）開業。昔の面影を残すと共に、水間寺への入口らしい建物が目を惹く。

下右／古刹・水間寺の境内へは橋を渡って向かう。春には桜が美しく舞う。

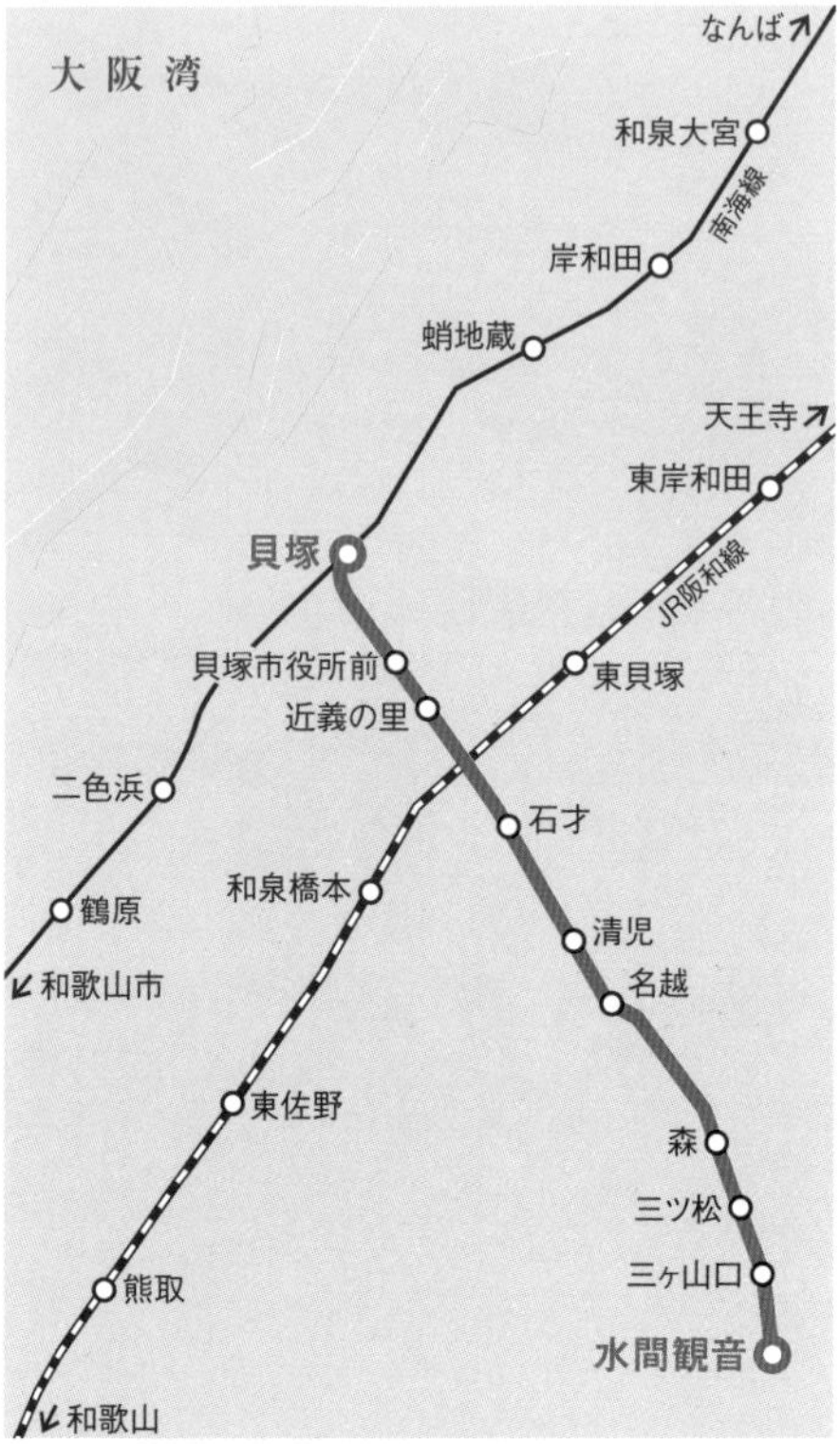


会社名：水間鉄道
創立：大正 13 年（1913）
本社：大阪府貝塚市
営業キロ：5.5km
駅数：10 駅
路線：貝塚～水間観音
2017 年度乗客数：242 万人（対前年比 130%）

開業後は安定的に参詣客を運び、１９７０年代のピーク時には年間約３００万～４００万人が利用しました。転機となったのはバブルの時代です。沿線外での不動産事業を積極的に展開し、最盛期には約20億円の売上を計上していたという資料もあります。しかし、バブル崩壊後は不動産事業が不振に陥り、多額の借り入れが経営を圧迫。さらに、通学で使っていた高校生も少子化で減少するなど経営環境は悪化していきました。

２００５年、水間鉄道は自主再建を断念し、大阪地方裁判所へ会社更生法の適用を申請しました。約２５８億円の負債を抱え、従業員の給料約３ヶ月分が未払いになっていたと言われています。

廃線の危機に瀕した水鉄の支援に乗り出したのは、全国にうどん店をチェーン展開する株式会社グルメ杵屋《きねや》でした。当時会長だった椋本《むくもと》彦之氏は大阪市の出身で、貝塚に疎開した縁があり、水間鉄道の社長とも付き合いがありました。「地元の足をなくしたらあかん。社会貢献の一環として助けるんだ」。力強く語っていたそうです。

再建の実務を託されたのは、元南海電車の社員で、過去に別会社の建て直しに成功した経験を持つ関西《せきにし》美津治《みつはる》氏でした。「整理するしかな

旧東急7000系を改造した水間鉄道1000形。貝塚～近義（こぎ）の里付近はカーブが多く、時速20キロほどで走る。

い」と主張する債権者を説得し、借金のほぼ全額を帳消しにしてもらうなどして一からの出直しにつなげ、早くも翌年には会社更生計画が終結。水間鉄道はグルメ杵屋の１００％子会社の新会社となりました。その後、関西さんの長女・佳子氏が跡を継ぎ、さらに現在の経営陣に引き継がれています。

グルメ杵屋の経営が、支援を決断した椋本氏の息子へと代替わりした今も支援は続いています。「縁が続いていることはとてもありがたいですが、まだ赤字が続き、グループの足を引っ張っています。やはり黒字化しなければ。いつまでも甘えていてはダメなんです」。水間鉄道の谷本憲隆さんはこう話します。

## 名車は１０００kmをつなぐ

水間鉄道の所有する車両は2両編成が5本。形式はすべて１０００形です。かつては全車が元南海車両という時代もありましたが、現在は全車が元東急電鉄の７０００系を改造したものです。

旧東急７０００系は、昭和38・39年（１９６３・１９６４）に東急車輛製造が製造し、地下鉄日比谷線直通用として活躍。車体は18ｍで、日本初のオールステンレス車として脚光を浴びたスター車両です。

開業当初から全線電化していた水間鉄道は、電気の種類は直流６００ｖでしたが、平成2年（１９９０）、車両更新のために東急から７０００系を譲り受ける際、電化設備を７０００

なぜこんなところに青森県の鉄道が？　と思うけれど、実はローカル鉄道ならではの電車が取り持つ縁。

系に合わせて直流１５００ｖに昇圧する方が、車両を６００ｖに降圧するよりも安上がりであることがわかりました。

その後、２００６年から２００７年にかけて、冷房やＡＴＳ（自動列車停止装置）を付けるなどして改造し、すべての車両を１０００形に改番しました。

その１０００形に乗ってみると、車内で不思議なものに出会います。青森県弘前市の観光ポスターが貼ってあったのです。関西で青森のポスターなんて珍しい。なにせ１０００km以上離れているし、特に共通点も思いつきません。

実はこれは弘前市にある弘南《こうなん》鉄道との連携企画。その名は「プロジェクト７０００」。それって何の数字……？　思い出してください、水間鉄道の車両が東急７０００系だったことを。そうです、両社とも東急の７０００系車両を譲り受けていたのです。

２０１７年の秋、大阪で開かれたローカル鉄道のシンポジウムで弘南鉄道の力が講演した際に、谷本さんが声をかけたことで縁がつながりました。ちょうど会場に東京在住の水間鉄道の熱心なサポーターも参加しており、結びつけてくれるという偶然もありました。

両社でどうすれば鉄道ファンが喜ぶかを考え、青森で水間カラーの車両を、大阪で弘南カラーの車両を走らせることに。弘南鉄道のロゴと水色のカラーリングが施された車両が登場すると、鉄道ファンたちが大喜びしたそうです。

鉄道をきっかけに、それぞれの地元である弘前市と貝塚市もつながりました。お互いに大阪と青森という離れた土地でのプロモーション手段を持っていなかったことから、観光情報などの広告やポスターを車内に貼ってＰＲすることにしたのです。

さらに、プロジェクト７０００はローカル鉄道同士らしい次の段階に進んでいます。鉄道車両の部品の交換です。

オールステンレスの東急７０００系は、外見はさほど古くは見えませんが、製造されたのは50年以上前。内部の部品はずいぶん弱ってきています。そこで２０１８年、消耗品である床下の部品の一部を、水間鉄道から弘南鉄道に送りました。ちょうど使用する部品の種類が違っていたことも幸いしました。ただでさえ経営難に喘ぐローカル鉄道にとって、車両の更新は必要とはいえ頭の痛い問題。経費削減にもつながる一歩進んだコラボと言えます。

また、同じく７０００系車両を使っていた福島県の福島交通が車両を更新する際、普通なら３００万円もするモーターを廉価で譲り受けることができました。「ちょっとマニアックですが、節約になるし、ローカル鉄道同士で困った状況を助け合えますよね」と谷本さん。鉄道史にその名を残す東急７０００系が取り持つ縁。プロジェクトもちょうど2年が過ぎ、さらなる展開を考えているところです。

## ヘッドマークが人を呼ぶ

ステンレスの銀色のボディに赤や緑や水色のラインが入ったシンプルな水間鉄道の１０００形ですが、車両の前面がやたらと華やかであることに気づきました。記念撮影している人の姿も見えます。

その理由はヘッドマーク。鉄道車両の先頭によく取り付けられている、丸い形をした看板の

家族の誕生日のお祝いメッセージなど、微笑ましいものが目立つ。

木製のヘッドマークは案外軽く、保存しやすいのも喜ばれる理由の一つ。

ようなもの。実はこれが最近の水間鉄道の大ヒット商品なのです。

ヘッドマークは確かによく目立ちますが、通常は鉄製で重く、錆びてしまうのがデメリットでした。鉄道会社の周年などの記念に一度取り付けられると、一定期間使われるのがスタンダードだったのです。

水間鉄道は沿線にある堀木工所（貝塚市）と力を合わせ、同社の技術を応用し、木製の新しいヘッドマークを開発。それを誰でも好きなように使える広告として販売することにしました。自分で画像などを用意し、データを送って申し込めば、すぐにオリジナルのヘッドマークが完成。直径50cm、世界で一つの自分だけのヘッドマークが、鉄道車両の前面を飾って走るのです。しかも、木製なので軽く、装着した後に持って帰ることができるのです。錆びることなく、耐久性もあるので、看板や記念品として長く使うことができる。まさに一生ものです。

「喜寿おめでとう じいじ いつまでも長生きしてね 愛を込めて孫一同」

「日本縦断ガンバレ！」

広告だけでなく、家族の誕生日や結婚記念日、会社の紹介といったお祝いごとや応援メッセージにも使われることが多く、ヘッドマークを使ってプロポーズをした人も。沿線に限らず、サプライズで仕込んでおいて、わざわざ遠方から一緒に見に来て驚かせるケースも少なくないのだそうです。

２０１５年の開始後、テレビなどで報道されたことを機に、北海道から九州まで全国から申し込みが殺到。今では半年先まで予約で埋まってしまっているという大ヒット商品となりました。これを見るためにわざわざ貝塚を訪れる人も多く、新たに人を呼び込むツールになってい

レストランの目印として人気の「モ161形」。鮮やかなカラーリング。

るのです。

果たしてその値段は……なんと10日間で1万円！　安すぎるという声も聞こえてくるそうですが、今のところ値上げは考えていないとのこと。鉄道好きならぜひ一生に一度は水鉄オリジナルヘッドマーク。一緒に取材していた編集者の大迫力《おおさこちから》さんとは、出版記念ヘッドマークをお願いしようと盛り上がりました（覚えてますよね？）。

## 脱「すいてるすいてつ」

「すいてる すいてつ―混んでる すいてつへの道」。かつての公式パンフレットに謳われた自虐的なコピーです。しかし、２０１６年度は１８５万９０００人で対前年比98％とほぼ横ばいだった乗客数は、２０１７年度は２４２万人と上向きに転じました。確実に乗客が戻ってきているのです。それは谷本さんをはじめ、水間鉄道のみなさんの努力の賜です。

まずは鉄道ファンに向けて、ちん電こと阪堺電車（Ｐ20）と水間鉄道を回るツアーを開催。同じ大阪というだけでなく、ちん電の日本最古の車両であるモ１６１形の一つ、１６８号車が、沿線にあるイタリアン「森の小径《こみち》レストラン」で保存されているという意外なつながりがあったのです。レストラン前の庭で、青空に白い雲が書かれた水色雲塗装のモ１６８がお出迎えしてくれます。

足下の貝塚市でも、「乗って守ろう5・5キロ」というキャッチコピーを掲げ、自治会会長、市役所と共に水鉄沿線魅力発信委員会を結成してイベントを共同開催。２０１８年には有志で

短くても鉄道を守るのは至難。乗ることが何よりのサポートになる。

つくる「南大阪鉄道賑わい研究会」と協力し、第1回水間鉄道フェスタ「笑電祭〜笑いと電車の相互乗り入れ〜」を初開催するなど、積極的にイベントを仕掛けています。

こうした中でやはり大切にしているのは、原点である水間寺です。水間寺の境内にあるお店がつくっていた地元特産「水茄子ＣＵＲＲＹ」のパッケージを一新し、水間鉄道用バージョンを製作。水間寺はもちろん水間観音駅と貝塚駅でも販売し、好評を集めています。また、水間寺の参詣手形風の切符も販売をスタート。１万円で３ヶ月間、10時から16時の列車が乗り放題になります。

２０１８年12月には、築93年を迎えていた水間観音駅をリニューアルオープン。テーマは「苔玉の駅」。文化財でもある水間観音駅と日本の質実な美しさをイメージした苔にこだわり、駅構内に苔玉１０００個、２ｍ級の大苔玉３個を配置するなど駅全体が苔玉に包まれる雰囲気を目指しました。

谷本さんは「やはり水鉄は地元の方にとって愛着がある鉄道。水間寺は縁結びのお寺でもあり、縁をつむいで考えていきたい」と強調します。人口減少の中で水間寺周辺もお店が減り、お土産物が買えないと言われることもあるそうですが、こうやって少しずつ仕掛けながら、もっともっと火をつけて水間寺と一緒になって盛り上げていく必要性を感じています。

谷本さん自身も、大阪市交通局を早期退職後、東京ディズニーランドを運営するオリエンタルランドに勤め、声がかかって水間鉄道に入社したという異色の経歴の持ち主です。「せっかく声を掛けてもらい、いろんなことを勉強させてもらっているが、自分が学んできたことをすべて活かせているとは言えない。きちんと恩返ししたい。まだまだこれからです」

鉄分補給
**【水間鉄道篇】**

# 日本で唯一、「オリジナル」東急7000系

車庫に大事に保存されている東急7000系のオリジナル。運が良ければ見られるかもしれない。

東急7000系は、東急電鉄がアメリカ・バッド社との技術提携で昭和37年（1962）に導入を始めた日本初のオールステンレス車両。車体外板・構体・台枠のほぼすべてがステンレス鋼でつくられています。

腐食に強く塗装の必要がないため、塗料費や作業費などの保守経費が節約できること、汚れが目立ちにくいといったメリットがある一方、硬度が高く切削や加工がしづらいというデメリットもあります。そのため車両前面を流線型などの複雑な形状にすることは難しく、踏切事故などで破損した際の修理もなかなかできません。1930年代以降、現在も製造されていますが、道路を走り接触事故の多い路面電車では採用されていません。

東急では134両が製造され、活躍しましたが、更新に合わせて少しずつローカル鉄道に譲渡されて余生を過ごしています。水間鉄道には平成2年（1990）に10両がやってきました。うち8両は改造され、冷暖房設備やATSを搭載し、ドアチャイムなども設置され、1000形となりました。

そんな中、車両好きの間では有名なのが改造されることなく残った1編成2両。車籍は残っていますが、営業運転はできません。それでもちゃんとメンテナンスを続け、線路上を走行できる状態で車庫に控えています。

日本初のオールステンレス車両が改造されずにそのままの形で、動く状態で保存されているのは日本でもここだけ。撮影会などの日には全国から愛好家たちがやって来ます。

おすすめコース
②

# 【水間鉄道】

やってみよう!

# 古刹を訪れ、厄除け祈願

START

貝塚

電車のヘッドマークに注目しよう。

ベンチや看板などの渋いローカル広告を眺めよう。

水間寺を訪れるなら、企画乗車券の「水間寺参詣手形」はいかがだろう。貝塚駅または水間観音駅発の10時～16時台の列車に3ヶ月間乗り放題でお値段は10,000円。お寺のお茶屋さんで茶菓がいただける特典や、毎月18日には厄除酒のサービスも。名前などは駅員さんが毛筆で手書きというのもいい感じ。

乗車中

「プロジェクト7000」(→P47)による、弘南鉄道や弘前市の情報をチェックしよう。

水間観音

苔玉の溢れる渋い駅舎を鑑賞しよう。

水間寺へ参詣して、厄除けのご利益にあずかろう。

GOAL

貝塚

駅に隣接した売店でお土産を買おう。

## ナイスなお土産

### 水茄子 CURRY

水間鉄道が走る貝塚市を含む、大阪府南部の泉州地域で栽培される伝統野菜「泉州水茄子」。水分が多く、アクが少ないのが特徴で、それを使った新しいお土産がこちら。化学調味料は無添加、30種類のスパイスをベースにしたソースでコトコト煮込んだ自慢の逸品です。1箱500円。

●貝塚駅・水間観音駅にて販売中

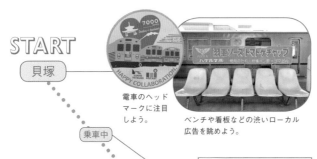

# 和歌山

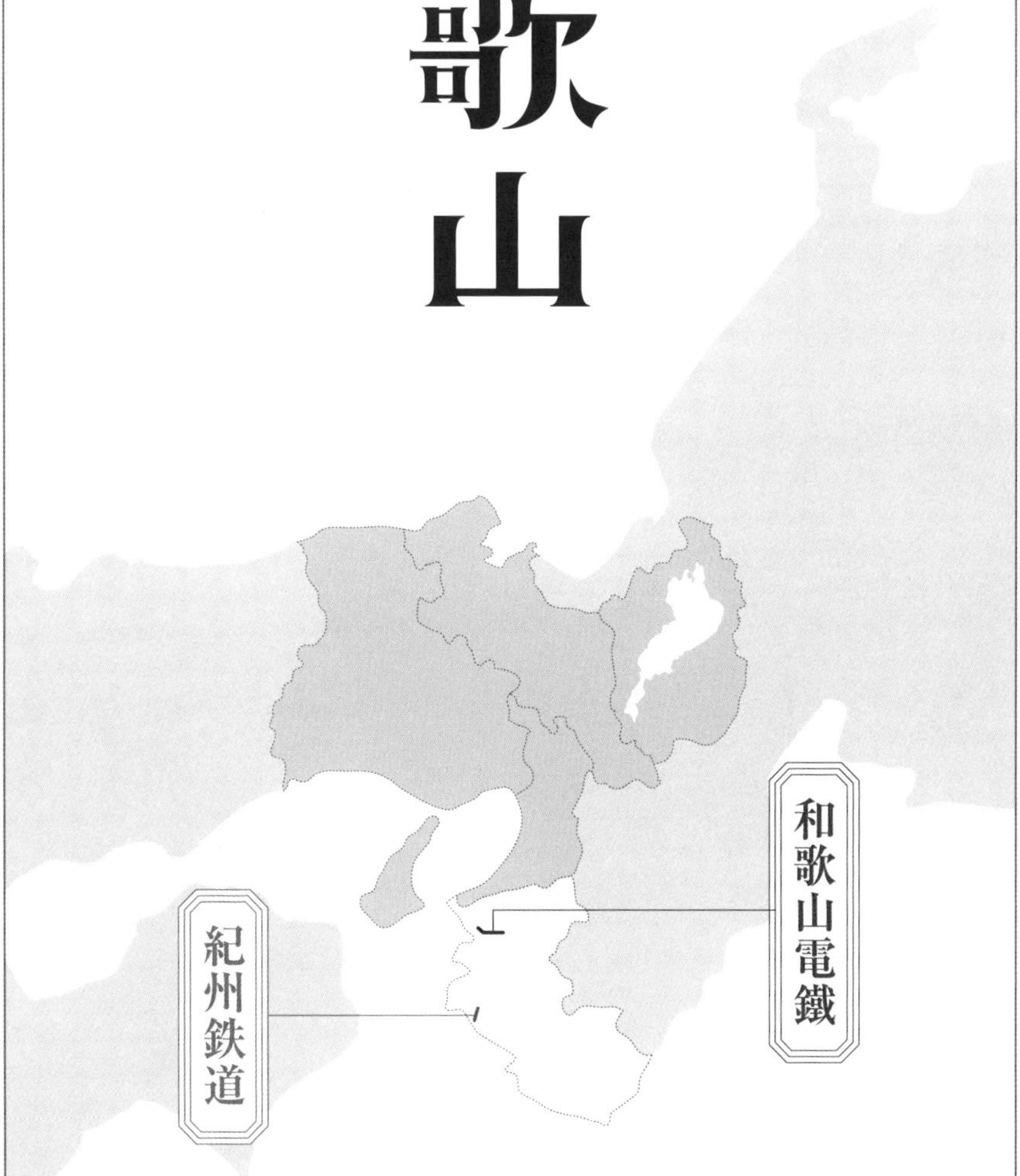

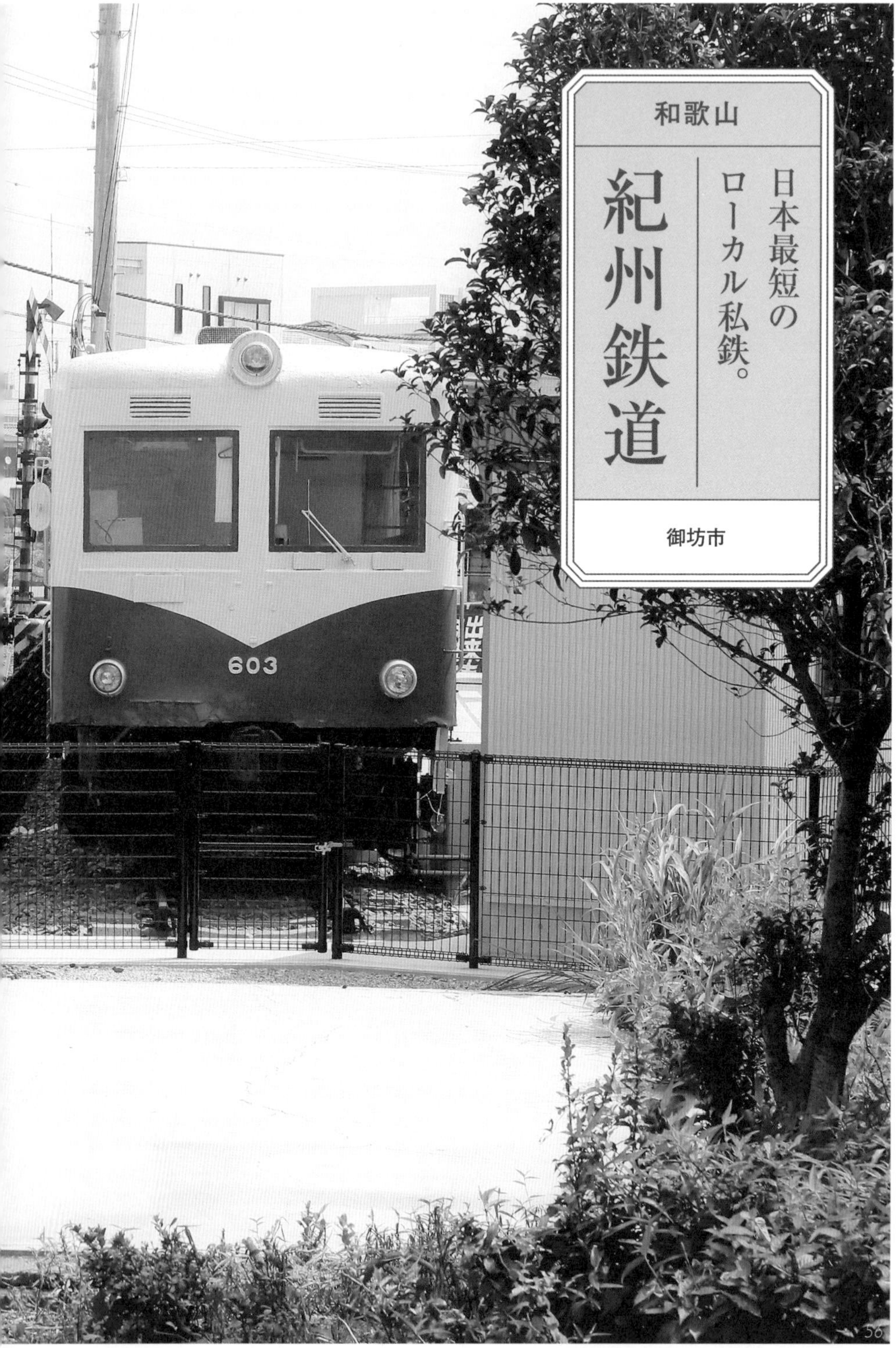


和歌山

日本最短のローカル私鉄。

# 紀州鉄道

御坊市

紀伊御坊駅に入線する直前のKR形KR205号。右側はかつて走っていたキハ603。現在は第二の人生を過ごす（P60）。

JR御坊駅の0番ホームが紀州鉄道の乗り場。JRから乗り継ぐ場合は、JRの改札で一旦精算を済ませてから乗車しよう。

## 遅いのに、速い？

和歌山県の西部、紀伊水道に面した御坊《ごぼう》市を走る紀州鉄道。ＪＲ御坊駅と市街地を結ぶわずか5駅の単線は、私鉄では日本一短い全長2・7kmです。多くの人にとって、ローカル鉄道のイメージは、「市街地から外れた、田んぼの脇をゴトゴト音を立てて走るレトロな1両の列車」という感じではないでしょうか？　紀州鉄道はまさにそのイメージにぴったり。もちろん経営は楽ではありませんが、不思議と廃線の話は浮上していません。一体それはなぜなのでしょうか……。

それでは早速、紀州鉄道の旅を始めましょう。大阪方面から特急「くろしお」に乗り込み、紀伊半島に沿って太平洋を眺めながら1時間半あまり。ＪＲ西日本紀勢本線御坊駅が紀州鉄道の起点駅でもあります。

と言っても、紀州鉄道の駅舎はありません。跨線橋を渡り、1番ホームを進み、ＪＲの改札を左手に見ながら0番ホームに向かいます。ＪＲ御坊駅の一部を「間借り」して、ホームが設置されているのです。ローカル鉄道ではよくある共同使用駅。ＪＲが駅の所有者で、ローカル鉄道側が使用料を払っているというパターンが一般的です。

紀州鉄道の目印は看板と番線0の表示。1日20往復、ほとんどの列車でＪＲとの接続がとられています。車両はＫＲ形ＫＲ２０５号。クリーム地に淡緑色のライン。滋賀県を走る信楽高原鐵道（Ｐ１０６）から２０１７年に譲り受けたものをそのままを使っています。ちなみに、

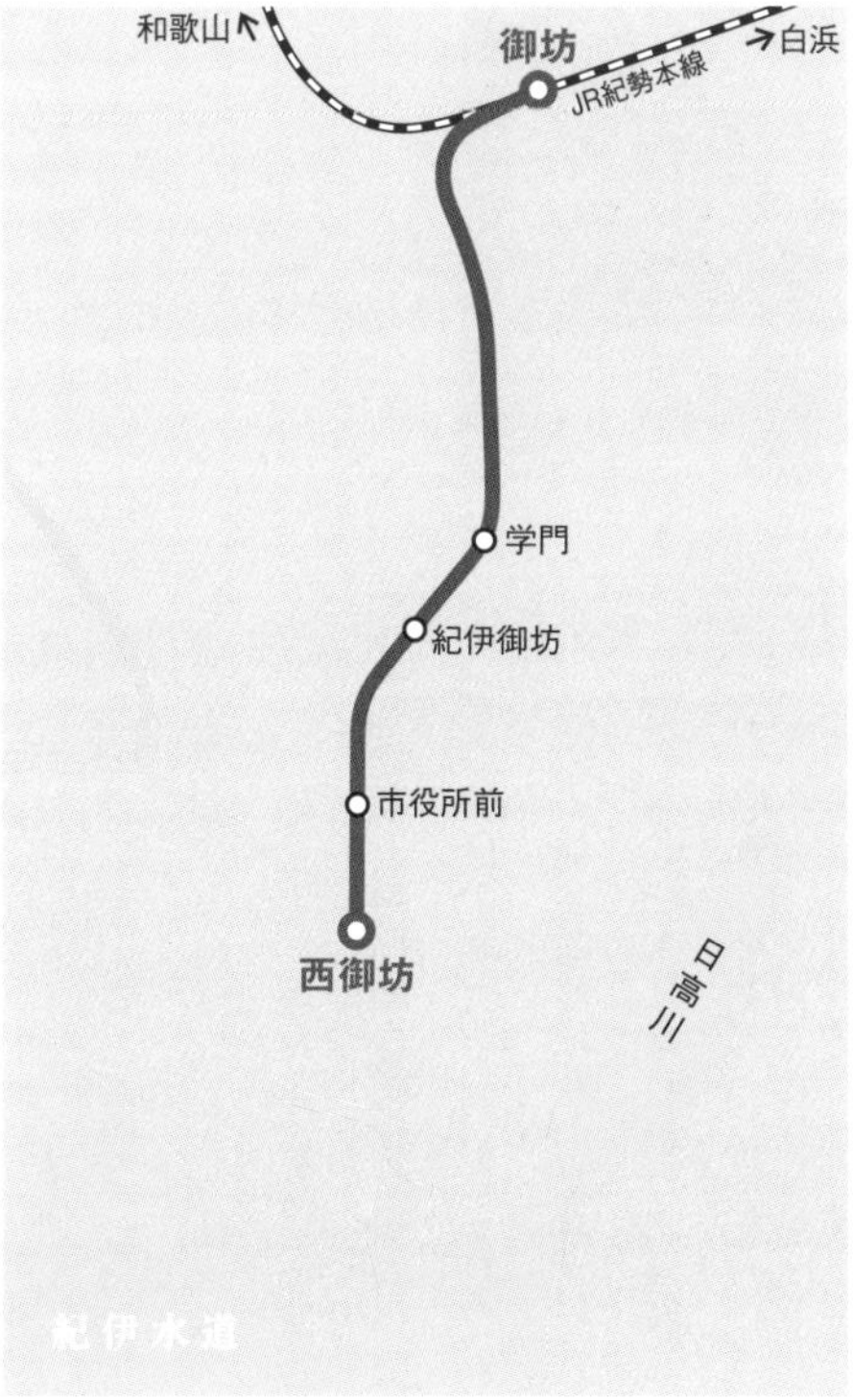


会社名：紀州鉄道株式会社
設立：昭和 48 年（1973）
本社：東京都中央区
営業キロ：2.7km
路線：御坊～西御坊
駅数：5 駅
2016 年度乗客数：10 万 7000 人（対前年比 91%）

信楽時代はＳＫＲ２００形ＳＫＲ２０５号でした。唯一、扉の横に描かれていた信楽たぬきが、御坊市出身との伝説がある聖武天皇の母・宮古姫と、２０１５年に和歌山で国体が行われた際のマスコット「きいちゃん」のイラストに変わりました。

紀州鉄道で現役運行している車両は、このＫＲ形ＫＲ２０５号を含めて2両です。「え、２両しかないの？」と思われた読者も多いでしょう。繰り返しますが、２両しかありません。このため日本で所有車両がもっとも少ない鉄道事業者となっています（2両しかないのは他に四国の徳島と高知の県境を走る阿佐海岸鉄道だけ）。

紀州鉄道で運行しているもう1両はＫＲ形ＫＲ３０１号。こちらも同じく信楽高原鐵道から２０１５年に譲り受けた元ＳＫＲ３００形ＳＫＲ３０１号で、宮古姫が描かれているのも同じ（きいちゃんはいない）。この2両が交代で運行しています。

紀州鉄道には特急や急行はなく、すべて各駅停車です。線路は御坊駅から市街地に向かって延びており、列車は家々の間をすり抜けるように進んでいきます。しばらくすると視界が広がりましたが、不思議なことに気づきました。周りの田園風景が、妙にゆっくりと流れていく。そう、スピードがとても遅いのです。目の前の線路は気持ちいいくらいまっすぐなのに。

紀伊御坊駅。そのすぐ隣には「キハ603広場」がオープン。現在はコミュニティスペースとして使われている。

その理由はわずか2・7kmの間に踏切が18ケ所もあり、安全性を確認しながら進まなくてはならないためだとか。制限速度は時速40kmですが、平均時速はなんと20kmだそうです。ちなみに自転車の平均時速が12〜19km、人間の全速力が20kmと言われます。車を運転している時のように、右足でアクセルを踏んで加速したくなる気持ちを抑えきれません。

最初の駅、学門駅は紀州鉄道の中では最も新しく、昭和54年（1979）に新設された駅です。かつては中学前駅がありましたが、昭和16年（1941）に戦争の影響で廃駅になったのを、駅の東隣にある和歌山県立日高高校からの要請で復活させたという経緯があります。

この学門駅で人気なのが、入場券と御坊市の隣にある美浜町の日之御碕《ひのみさき》神社のお守りがセットになった学門お守りキーホルダー。学門の入場券＝「学校の門に入る」で縁起がいいと受験生たちに喜ばれ、年間約1000個が販売されているそうです。

次は紀伊御坊駅。ここには紀州鉄道の鉄道事業所があり、先ほどの学問お守りといった紀州鉄道グッズを買うことができます。駅の手前の踏切のすぐ横には、約50年にわたって紀州鉄道を走り、市民に親しまれてきた旧型の「キハ603」が見えます。2009年に運行を終えた後、ここに移設されました。本町3丁目商店街の入口ということもあり、本町商店街振興組合が保存活用する形で「キハ603広場」をオープン。国や市の補助を受けて再塗装を行い、緑色とクリーム色の往年の姿が復活しました。

さらに驚いたのは次の市役所前駅。駅のホームには雨よけの庇があるのですが、その下にさりげなく自転車が停めてある！　写真を撮り損ねてしまったのが悔やまれますが、まるで駅が自宅の駐輪場のようで、地域との距離の近さを微笑ましく感じました。

市役所前駅のホーム。この日はなかったが、自転車が駐まっていることも？　実は壁の裏側にも駐輪場があるのだが…。

列車は民家の軒先をかすめ、あいかわらず住宅街の中を縫うように進んでいきます。「屋根が近い！」なんて驚いているうちに、終点の西御坊に到着です。あれ、もう終点？　時計を見てみると、御坊駅を出発して8分しか経っていません。こんなに遅いのに！

全線わずか2・7km、そして起点と終点の間に3駅しかないという全国最短のローカル私鉄ならでは。車内にあった路線図も一直線で駅名5つだけというシンプル過ぎるもの。あっという間に着くわけです。だから、「遅い」のに「速い」。

ところで、「日本一短い」と書きましたが、これにはちょっと注意が必要です。確かにかつてはケーブルカーを除いた普通鉄道の中では日本で一番短い路線の鉄道会社として知られ、「日本一のミニ鉄道」と称していました。

それが2002年、千葉県の成田空港近くで芝山鉄道（2・2km）が開業。500m短い鉄道が開業したことで、日本最短の座を明け渡すことになりました。しかし「日本一」と名乗れるかどうかは聞いた人に与えるインパクトが大きく違います。どうやったら日本一を維持できるのか——。

よく調べると、芝山鉄道は行政と民間による第三セクター方式で運営されています。つまり「私鉄」ではありません。というわけで、御坊市の公式サイト内では「日本一短いローカル私鉄」と紹介されています。このジャンルなら間違いなく日本最短。この本も「関西のローカル鉄道本」ランキングなら1位を飾れるかもしれません。

## 終着駅は突然に

終点の西御坊駅は住宅街のど真ん中です。いや、表現としては住宅の「裏」という方がしっくりくるかも。家々に囲まれたところで突然に線路が終わりを迎える、なんとも不思議な感じなのです。

昭和7年（1932）の開業時から使われている駅舎は小さく、裏にある細い路地から出入りができます。屋根の形にあわせて天井が斜めになっているのが、なんだか崩れてきそうにも思えます。

ベンチにそっと置かれているノートを開くと、

「素晴らしいローカル鉄道に万歳‼」

「古いまちなみ、すてきでした。ミニ鉄道としてこれからもたくさんの人に利用してほしい」

全国から訪れた人たちのコメントにじーんとしてしまいます。駅舎内の壁には、どう見ても手作りの素朴なイラストで駅周辺の案内マップが張られていました。

実はわたしが紀州鉄道を最初に知ったのは、『日本の鉄道 車窓絶景100選』（新潮新書・2008年）という、政治学者の原武史さんをはじめとした鉄道ファンの4人が語り合う新書でした。

この中でライターの杉崎行恭《ゆきやす》さんと矢野直美さんが紀州鉄道を、もっと言えば、西御坊駅を絶賛していたのです。「世界中でも珍しい終点」という発言まで出てきます。とはいえ、4人

住宅のガレージに列車が停まっているような錯覚すら覚える終点の西御坊駅。ホームの反対側にも細い出入口がある。

全員の支持を得ることはできず、１００選からは漏れてしてしまうのですが、この日から紀州鉄道はいつか行ってみたい鉄道ナンバーワンになっていたのでした。

このような姿になっているのには歴史があります。紀州鉄道の前身である御坊臨港鉄道が設立されたのは昭和３年（１９２８）のこと。当時、阪神エリアからの唯一の陸上交通機関であった国鉄紀勢西線（現ＪＲ紀勢本線）は和歌山止まりで、和歌山以南のルートは建設中でした。この新線は御坊も通る予定でしたが、国鉄御坊駅の場所が市街地から外れることになったため、有志が資金を出し合って鉄道会社を設立。自分たちの手でレールを引いてくることにしたのです。

発起人総代の田淵栄次郎は御坊の大地主で、旧御坊町の西側半分を所有し、実家の造酒屋を継いで会社経営も行っていました。地元のためにと鉄道敷設に情熱を注ぎ、御坊臨港鉄道が設立されると初代社長に就任しました。

西御坊駅の反対側。線路の途中でいきなり柵で区切られているのがユニーク。

昭和4年（1929）の国鉄紀勢西線（紀伊由良～御坊間）開通に間に合わせたいと準備を始めましたが、工事が遅れ、ようやく昭和9年（1934）年8月に日高川駅まで開通することができました。距離にして3・4km。あれ？ 現在の2・7kmより長いですね。実は開業当時の御坊臨港鉄道の終点は、現在の西御坊駅ではなく、日高川の河口に位置する日高川駅でした。国鉄御坊駅と市街地、そして河口の港までを結ぶことを目的としていたのです。戦前は阪神エリアや東京方面に物資を運ぶのは海上交通が主体で、日高川河口の港が拠点でもありました。だから臨港＝港に臨む鉄道という名前なのです。

旅客よりも主に木材や地元特産のみかんといった貨物が主体でしたが、経営基盤は弱く、赤字が続いていました。増収策として日出《ひので》紡織（現大和紡績）分工場の拡大を機に西御坊から貨物線を引いたり、大阪鉄道管理局のハイキングコース（御坊大浜日ノ岬コース）に指定され、阪神エリアからの乗客増に励んだりしたという記録も残っています。

　第二次世界大戦や昭和28年（1953）に発生した紀州大水害による被害もくぐり抜け、貨物・乗客とも最も多かった昭和39年（1964）には、1日32往復、年間乗客数は105万人。現在の20往復、11万人と比べるとその違いに驚きます。道路整備が進み、車社会になったことや沿線人口の減少というローカル鉄道が共通して直面する事態が背景にあります。

　さらに御坊臨港鉄道にとって大きかったのは、国鉄貨物の取り扱いが減ったことでした。昭和59年（1984）に貨物輸送が廃止され、平成元年（1989）には、西御坊〜日高川間が廃止。もともと短かった3・4kmの鉄道は、2・7kmへとさらに短くなり、線路は途中で途切れ、西御坊駅が終着駅となったのです。

廃線となった箇所も錆びたレールだけは残されている。唐突に途切れた感がするのも無理はない。これもまた「御坊臨港鉄道」の名残。

## 「いただき上手」も芸のうち

圧倒的に短い上に貨物も乗客も減っている。基本的に苦しい経営環境にあることは想像がつきます。国土交通省の資料によると、2015年度の輸送密度は1日247人で、高知県にある阿佐海岸鉄道（1日105人）に次いで2番目に少ない数値になっています。100円の営業収入を得るのにかかった営業費用を表す営業係数では、2010年に367・8でワースト。年間の赤字は4000万円と報じられたこともありました。自ら「日本一の赤字鉄道」と称していたというのは、余りにも痛々しい逸話です。それでも、必ずこうした話の最後についてくるのが「現状では廃止の動きはない」という一文。その理由は、何なのでしょうか？

実は先ほど紹介した御坊臨港鉄道は経営難のため破綻寸前に陥り、昭和47年（1972）、東京にあった磐梯《ばんだい》急行電鉄不動産に1億円で買収されたのです。磐梯急行自体はこの3年前に廃止となっており、磐梯急行電鉄不動産はその経営陣が名前を継承した、鉄道を持たない不動産会社でした。買収の理由は、鉄道会社であることによって不動産事業の信用を得るためと言われています。やはりインフラ企業の看板への信頼感やブランドは抜群です。買収の翌年、御坊臨港鉄道は紀州鉄道へと社名を変更しました。

その後、紀州鉄道は不動産業やリゾート開発を手がける鶴屋産業の傘下に入りました。もちろんグループにとって赤字は痛くないわけはありません。それでもやはり紀州鉄道という会社名を掲げている以上、鉄道事業をなくすわけにはいかない。そういう判断があるのです。

紀州鉄道の運賃は車内で降車時に支払う。
西御坊駅では硬券の切符も売られている
ので、それを買うのも旅の風情。

こうなるとつい慢心してしまいそうですが、「赤字が膨らむのはやっぱりよくないですし、安全運行第一で老朽化した施設を直しているので、特に最近費用が嵩《かさ》んでいるんです」。心配そうな表情を見せるのは、紀州鉄道運輸課課長の大串《おおぐし》昌広さんです。コストダウンに向け、涙なしでは語れない努力を重ねています。

最初に触れたように、持っている車両はわずか2両。いずれも信楽高原鐵道から譲り受けたものでした。そのきっかけは、信楽高原鐵道が台風被害から復旧した際、お祝いの挨拶に訪れたこと。ちょうど大串さんと同い年の社員がいたことで交流が深まり、転職組だった大串さんが車両や鉄道のことをいろいろと教えてもらう中で、とんとん拍子に話が進んだそうです。

それ以前の車両も、これまた関西のローカル鉄道である北条《ほうじょう》鉄道（P122）から2009年に譲り受けたものでした。北条鉄道が開業時に新造した3両（フラワ1985形）のうちの2両。キテツ1号・2号と名付けられ、当時は日本で唯一、現役で走るレールバスでした（P75）。

関西の鉄道会社同士、イベントなどで顔を合わせる機会が多く、仲良くなっていくのだそうです。さらに、紀伊御坊駅横に保存されているキハ603も、元をたどれば大分県の大分交通耶馬溪《やばけい》線が廃線になり、譲り受けたものでした。

こう考えると、紀州鉄道って「いただき上手」ですよね。長年、取材してきて感じるのは、ローカル鉄道の魅力の神髄は、弱さがむき出しになっていることだと感じています。言い換えれば、なんとかしてあげたくなる。「助けたい！」という気持ちに人々を駆り立てる。いただき上手は救われるのです。

地元出身の大串さん。つながりを活かして紀州鉄道を変えたレールマンの１人。

## 遅れてきたルーキー運転士

さて、こうしたローカル鉄道にはだいたいユニークな社員がいるものです。先ほど登場した大串昌広さんです。

大串さんはまだ入社7年目。それまではなんとボランティアで、約10年間、紀州鉄道のイベントなどのお手伝いをしていたそうです。２００９年のキハ603のラストランの新聞記事には、「地域と紀州鉄道を元気にする会」のメンバーとして新聞記事にも登場しています。

終点の西御坊駅の近くで生まれ育ち、子どもの頃から父親に連れられてよく列車を見に行き、自然と鉄道が好きになりました。将来の夢は運転士。高校卒業後は大阪市営地下鉄に入社して駅員として切符販売などに携わり、運転士への道も見えていました。しかし、家業を手伝ってほしいという家族の頼みで、長男という立場もあって3年で退職して和歌山へ戻ります。運転士の夢はあきらめざるを得ませんでした。

実家に戻ると紀州鉄道を毎日見かけます。当時は鉄道好きとは言っても、紀州鉄道とは直接つながりもなく、知っている社員もいませんでした。「失礼なことを言いますけど、なんで走っているのかと思っていましたよね」。踏切が多い紀州鉄道は、車で走っていると遮断機が下りてきて、足止めをくらうことも少なくありません。「そんな時は『チッ』て舌打ちしたりして（笑）。どこかの知らない人がやっていて、自分には関係ないと思っていました」。

そう思いつつも、鉄道会社に勤めたことのある自分だからこそ役に立てることがあるのではないかと20年くらい前に一度アプローチしてみましたが、鉄道事業所の反応はよくありませんでした。風向きが変わったきっかけは、10年前、御坊市役所からの1本の電話でした。紀州鉄道本社から「鉄道の盛り上げに協力してくれる人はいないか？」と市役所に相談があり、大串さんの鉄道好きを知っていた市役所職員

駅長でありながら、運転士を務めることも。これもローカル鉄道ならではか。

が連絡をくれたのです。

ようやく大串さんと紀州鉄道がつながりました。以前と社内の雰囲気が変わっていることは感じましたが、よくよく聞いてみると「これまでほとんど地元の新聞の話題に取り上げてもらったことがない」と言うのです。そこで地元出身という強みを活かし、ボランティアで地元との橋渡し役を務め、イベントを手伝ったりしました。自然と声がかかり、7年前、正式に入社しました。

紀伊御坊駅長となった大串さんがまず取り組んだのは、駅舎の中の整理。長い歴史があると言えば聞こえはいいけれど、お世辞にもきれいとは言えません。各駅の整理整頓や掃除を熱心に続けました。

鉄道の現場に復帰して働く中で、次第に運転士になりたいという子どもの頃からの夢が心の中で大きくなっていきました。鉄道を運転する免許は基本的に鉄道事業者の社員でなければ取得できません。さらに車両構造や法規といった筆記試験と実技試験をクリアする必要がある狭き門です。

迷っていた大串さんに、上司から「運転士の免許を取らないか」と声がかかりました。「やります！」。知人らに頼み、過去10年分の問題を集めてもらい、仕事の合間に猛勉強。実技も先輩に指導をお願いしました。

こうして２０１６年、無事に筆記・実技ともに一発で合格。念願の運転士の資格を得たのです。試験を受けるのは20～30代が中心という中で、遅咲きの50歳での運転士デビュー。駅員や営業の仕事も続けながら、今も定期的に運転席に座っています。

懐かしい感じがローカル鉄道にぴったりの［ふく田］のお菓子。お土産にぴったり。

## 地元との関係を大事に

そんな大串さんが地元のつながりを活かして生まれたものの一つに、紀州鉄道のお土産シリーズがあります。子どもの頃からなじみのある老舗和菓子屋［ふく田《だ》］に「ちょっとお願い」してできたのが、「紀州鉄道りんこー」と「紀州鉄道臨港サブレ」、そしてミニ羊羹《ようかん》の3種類です。りんこーは紀州特産の温州《うんしゅう》みかん味の求肥《ぎゅうひ》餅を包み、キハ６０３の焼き印が押された和菓子。パッケージに書かれた「りんこー」のひらがな文字と車両のイラストがいい味を出しています。こんな風に、地元の人たちは今でも臨港鉄道時代の愛称「りんこー」と呼んでいることが多いそうです。

サブレは同じくキハ６０３をパッケージデザインに。また、ミニ羊羹のパッケージは歴代3車両のデザインを再現。キハ６０３は練り羊羹、キテツ2号は御坊でつくられている「塩屋の天塩」を配合した塩羊羹、ＫＲ３０１は地元産オレンジが入ったオレンジ羊羹というこだわりです。子どもも遊べるようにパッケージを工夫。西御坊駅から徒歩5分にあるお店で買うことができます。

この他にも、御坊市にある郷土料理店に依頼し、紀鉄弁当を作ってもらったこともありました。地元の企業とのコラボレーションは今も続いています。

２０１７年からはフォトコンテストをはじめました。入賞者の写真はカレンダーになります。紀州鉄道の入っている「きてガチャ」というガチャポンも大人気で、一度は完売してしまったことがあるほど。中にプレミアを入れており、狙い通りコンスタントに売れているそうです。

夏の暑い時期には七夕列車を走らせ乗客に願いごとを書いてもらったり、地元の保育園児と飾り付けたり。車内での読み聞かせイベントをしたこともあります。もちろん失敗もないわけではありません。うちわをつくったものの大量に在庫を抱えるてしまったこともありました。

そうした努力が実り、明らかに地元の空気は変わってきました。地元の御坊商工会議所や和歌山県の日高振興局、ＪＲ西日本も含めた横の連携ができ、紀州鉄道を使った具体的な動きが生まれ、ニュースに取り上げられることも増えました。御坊への観光客誘致を目指す御坊市役所の「ＧｏＧＯＢＯプロジェクト」にも紀州鉄道が加わり、地域活性化に一緒に取り組んでいます。

「何より若い社員が入ってきて、ずいぶん変

紀伊御坊駅の駅舎内にあるオリジナルグッズのコーナー。「きてガチャ」もここで買える。

わりました」と大串さん。社員は現在11人。ほとんどが地元出身です。人口2万人の街で、雇用の受け皿としての存在感も発揮しつつあります。キーホルダー数種類しかなかったグッズも、今では売り切れる度に新しいものを若い社員が考え、デザインまで担当するようになりました。その中で、先ほど紹介した学門駅のお守り切符や社員手作りの沿線マップ、そのほかマグカップや駅名キーホルダーなど多種多様なグッズが生まれていったのです。

年間10万人を切って9万人台に低迷していた乗客は少しずつ増えており、再び10万人台に戻りました。取り組みが着実に結果につながっていると言えます。

「家業も手伝いながらですから、年中無休です。でも、若い社員も入ってきたし、そろそろ役目も終わりかな」。そうぼやきながらも、大串さんは楽しそうです。「今後は若い力で鉄道を守っていってほしい。やっぱり最近思うんですよ。鉄道が消えれば、街も元気がなくなってしまうんです」。

平成5年（1993）とちょっと古いデータではありますが、御坊商工会議所による御坊市の誇りに関するアンケート調査では、1位の日高川、2位の御坊祭に続いて3位に紀州鉄道が選ばれました。この街の歴史と共に紀州鉄道は走り続けているのです。

鉄分補給
**【紀州鉄道編】**

# レールバス「キテツ1号・2号」

紀伊御坊駅のホームに面した線路に停車中の「キテツ２号」。つい最近まで走っていたというから驚き。

2017年まで走っていたキテツ１号・２号は当時、日本で唯一の現役レールバスとして鉄道ファンの間で知られていました。

レールバスとは、鉄道車両用の台枠に、バスをベースとした車体を乗せた車両。国鉄の赤字ローカル線の廃止と、それに伴う第三セクターの開業が相次いだ1980年代、富士重工業（現SUBARU）が、乗客が少ないローカル鉄道向けにバスの構造を大幅に取り入れた「LE-Car（エルイーカー）」を開発したのがその始まりです。

続いて２軸の「LE-Car II」が各地のローカル鉄道で活躍するようになりました。しかし、車体の長さが12.5mと短く、ラッシュ時の輸送力が不足してしまうため、車体長15.5mに延長したボギー台車の車体を持つレールバスが主流となっていったのです。

紀州鉄道にあったのは２軸のLE-Car IIでした。製造数が少なく、車体はバスに準じて耐久性も低いため、他社ではすべて廃車になったなかで、紀州鉄道だけが頑張って使っていた状況。だからこそ人気がありました。

ちなみに、キテツ１号は同じ和歌山県内の有田川町にある有田川町鉄道交流館で動態保存されているので見に行くことができます。

おすすめコース 3

# 【紀州鉄道】

やってみよう!

## 短い路線を全駅下車すべし!

せっかく出かけるのなら、やっぱり全駅下車を目指そう。西御坊駅の近くには昔ながらの寺内町が広がっている。ウェブでダウンロードもできる紀州鉄道の駅員さん手作りのマップを片手に、昔ながらの住宅や地元特産品の金山寺味噌、醤油を製造販売する商家が並ぶ街並みを楽しんでみよう。

START

御坊

JRとの共用の様子を眺めよう。[やました](下欄参照)まで足をのばして、名物の「せち焼き」を味わおう。

学門

ホームの端にあるお地蔵さんにお参りしよう。

紀伊御坊

駅でお守り付き入場券などグッズを購入したら、レジェンド「キハ603」を見学しよう。

市役所前

地元の人の自転車が停まっていないか見ておこう。

駅ノートに書き込みをしよう。

西御坊

GOAL

駅からほど近い[ふく田]で「りんこー」などお土産を買おう。→P72

駅近の名店 | 御坊

### 元祖せち焼き やました

「せち焼き」は、焼きそばを小麦粉の生地を使わずに卵だけで固め、お好み焼きのようにしたもの。昭和30年頃にこちらのお店の初代店主・山下夏子さんが始めたという御坊にしかないローカルフード。「豚せち」「イカせち」「肉せち」などあり各800円。全部入りのミックスせちは850円。

●御坊市湯川町財部49-12 ☎0738-22-3227
11:00AM～3:00PM(売り切れ次第閉店) 火・水曜休

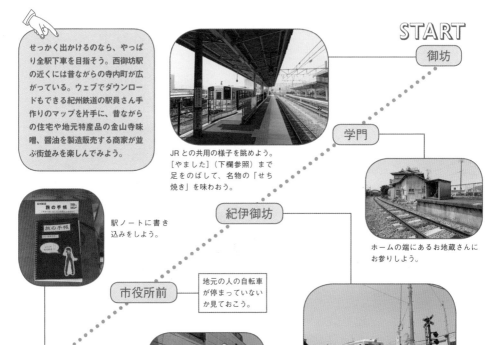

**和歌山電鐵**

# たま電車に乗って、ローカル鉄道について考えてみた。

猫のたま駅長で有名になった和歌山電鐵。JRと接続している和歌山駅から終点の貴志駅を結ぶ14・3kmの行き止まりの路線です。貴志駅や沿線には目立った観光スポットはありませんが、電車そのものがエンターテインメント化することで、観光客としての乗客を呼び込むことに成功しました。乗って楽しい、見て可愛い。乗客数は10年間で倍以上と、大幅に増えました。やれば、できる。ローカル鉄道の可能性を見事に体現しています。近年のローカル鉄道ブームの牽引役とも言える和歌山電鐵に乗って、あらためてその魅力について考えてみました。

終点の貴志《きし》駅。三毛猫のたま駅長にちなんだ「たま電車」に乗りたいとホームで待っていると、滑り込んできたその電車を見て驚きました。車体にイラストが描かれていることくらいは想像していましたが、なんと「猫耳」が付いているではありませんか！

安全基準の厳しい鉄道には課題がたくさんあり、苦労して2013年に実現した世界初の猫耳付き電車なのだそうです。世界初なんてすごい！　興奮して写真を撮りまくる

[和歌山県和歌山市～紀の川市]

会社名：和歌山電鐵株式会社
創立：2005年
本社：和歌山県和歌山市
営業キロ：14・3km
路線：貴志川線（和歌山～貴志）
駅数：14駅
2016年度乗客数：220万1000人（対前年比95%）

わたしに編集担当者が一言。「いや普通、電車に猫耳付けようって思わないでしょう」。うん、確かに。よく見ると耳だけではなく駅長帽もありました。芸が細かい。ディテールはまだまだあります。車体に描かれたたまは101匹。ディズニーの「101匹わんちゃん」ならぬ「101匹たまちゃん」とのこと。それにしても、たまが走ったり寝転んだり、楽しそうです。

車内に入るとさらに驚きました。床はもちろん、吊革やロングシートは木製で、まるで家具のよう。電車の中とはとても思えません。窓には大きくたまの顔が描かれ、椅子の背もたれにもたまの形のシルエット。もしやと思って床を見ると、やっぱり猫脚でした。

車内にあるライトの形もたま、床には肉球のある足跡が転々と続いています。吊り広告もたま電車、本棚のラインアップも猫シリーズが中心。JR九州の豪華寝台列車「ななつ星in九州」などで知られる工業デザイナーの水戸《みと》岡《おか》鋭治さんが「エコでネコロジー」をテーマにデザインしたことが、和歌山電鐵のウェブサイトで紹介されています。

その徹底ぶりに、「乗っているだけで楽しい！」とワクワク。電車自体がエンターテインメントとして人を呼び込んでいるのですね。観光客に交じって制服や体操服を着た高校生たちもいますが、すっかり馴染んでくつろいでいます。

かわいい電車がたくさんあるだけに、改札の前には、時刻表とともにどんな電車がいつ走るのかが一目でわかる表示が。さすが気が利く！　駅まで行かなくても、和歌山電鐵のウェブサイトで公開されているので超便利。エンターテインメントのツボを心得ています。

電車だけではありません。貴志駅の駅舎は2010年に建て替えられ、「たまミュージアム貴志駅」と名付けられています。こちらも水戸岡氏のデザインに基づき、南海辰村建設が和歌山県産の木材をふんだんに使って改築し、伝統的な工法で檜《ひ》皮《わだ》葺《ぶき》の屋根としました。檜皮葺の駅舎は世界的にも珍しいそうです。

貴志駅にはたまグッズなどのお土産が買える「たま商店」が併設。ドリンクや軽食が楽しめるカフェもあります。フロートを注文すると、ジュースの上のアイスにはちゃんと猫耳が。カフェラテアートはもちろんネコの足あと。何事も徹底するのは大切です。

和歌山電鐵は大正5年（１９１６）に開業した山東《さんどう》軽便鉄道が起源です。明治43年（１９１０）に軽便鉄道法が施行されると、それまでに比べて鉄道敷設の条件が大幅に緩和されたことから、地方鉄道ブームが巻き起こります。山東軽便鉄道もその一つで、小さな機関車が、「マッチ箱」と呼ばれた40人乗りの客車を2~3両を引っ張り、1日10往復ほど走っていたようです。

昭和6年（１９３１）、和歌山鉄道に社名を変更し、和歌山電気軌道を経て、昭和36年（１９６１）に南海電鉄貴《き》志川《しがわ》線となりました。しかし、乗客数の減少に伴い、南海は２００４年廃止を表明。年間5億円の赤字を計上していたと言います。

これに対して、貴志川町くらしと環境を良くする会や、南海貴志川線応援勝手連、和歌山市民アクティブネットワーク（ＷＣＡＮ）といった沿線の住民でつくる組織が存続運動をスタート。紀の川市にある長山団地の住民が中心になって「貴志川線の未来をつくる会」が正式に設立され、１０００円の会費で６０００人を超える会員を集めたのです。

メンバーたちは「乗って残そう貴志川線」というスローガンを掲げて熱心に活動。和歌山市と紀の川市が鉄道用地を購入し、和歌山県が全額補助をするなど行政も動き、運営業者を公募するという流れになりました。

選考の結果、岡山県内で路面電車とバスを運行する岡山電気軌道を再生させた実績を持つ両備グループが運行事業者に選ばれ、２００５年に和歌山電鐵が誕生しました。「鐵」の旧字体が使われているのは、基本に立ち返るという意味だそうです。社長には岡山電気軌道の小嶋光信社長が就任。再生を望んでいた住民や行政と一緒に取り組みを進めていきました。

和歌山電鐵が大きく乗客を伸ばした原動力の一つは、

「電車に乗ることって楽しい！」という、これまでの移動手段としての電車の概念を広げ、新しい電車のあり方を提示したことです。しかし、設立当時は沿線住民に貴志川線のことを尋ねても、「まだ走っているの？」くらいの認識。まずは電車の存在を認識してもらわなくては何も始まらない。そこで車両のリニューアルで存在感を高めることにしました。

デザインは、当時、JR九州の車両デザインで脚光を浴び始めていた水戸岡さんに依頼。2006年に誕生したのが、第1弾の「いちご電車」です。貴志川特産のイチゴをモチーフにしたポップなデザインで、白地に赤いドアなどアクセントをつけ、ロングシートやベンチに敷かれた座布団にもイチゴの柄があしらわれました。内装には和歌山特産の楢の無垢材を使っています。住民にも力を貸してほしいと、「いちご列車サポーター」として支援を呼びかけると、2500件を超す個人や企業・団体から1100万円近い支援が寄せられました。

第2弾が2007年の「おもちゃ電車」。木の香りがする車内には、オリジナル缶バッジのガチャガチャマシーンが置かれ、ショーケースにはフィギュアや鉄道模型。木のおもちゃも展示されていて、まるで子ども部屋のような空間です。

そして第3弾が2009年の「たま電車」でした。さらに貴志川線の開業100周年を記念して、2016年には和歌山県の特産である梅干しをモチーフにした「うめ星電車」も登場しました。

一連のシリーズに乗車してみて、一番驚いたのは、少しでも乗客を多く乗せるという経済合理性や効率性からはかけ離れていたことです。小嶋社長は『地方交通を救え！』（交通新聞社・2014年）に収録されたインタビューで「大都会を走る路線ならば、私でも大勢のお客様に対応するため、もっと合理的な設計の車両にするでしょう。しかし、貴志川線はガラガラの電車からの出発でした。だから空間を大胆に使い、『おー、これが電車か！』という驚きと、乗っているときの楽しさを思い切って強調したのです」と、その理由を明かしています。ローカル鉄道が直面する環境を逆手に取った、逆転の発想がそこにはありました。

和歌山電鐵の再生は、三毛猫のたま駅長を抜きにしては語ることができません。

たま駅長については、小嶋社長の著書『日本一のローカル線をつくる』（学芸出版社・2012年）に詳しく紹介されています。たま駅長はもともと貴志駅の隣の売店の飼い猫でした。しかし、ある日、紀の川市から退去を言い渡されてしまいます。飼い主から相談を受けた小嶋社長は「この子は貴志駅の駅長だ」とすぐにひらめいたそうです。

単なるマスコットにするのでは面白くない。きちんと社員として働いてもらおう。このアイデアが大ヒットにつながりました。世界初の「猫駅長」の就任式には、マスコミが殺到。テレビカメラに囲まれた小嶋社長は、どんな業務をするのか聞かれ、「和歌山電鐵はお客様が少なくて廃線の憂き目に遭い、再生を目指しています。だから、たま駅長の仕事は客招きです」と答えました。

このニュースが全国でも放映され、さらに人気が爆発。たま駅長を見に訪れる人が急増しました。その経済波及効果は1年間で11億円もあるとの推計を、関西大学大学院会計研究科の宮本勝浩教授（2008年当時）らがまとめています。そして、和歌山県知事から表彰されるほどのインパクトをもたらしました。猫を助けようと思ったら、反対に助けられたのです。

「ネコノミクス」という言葉を聞いたことがあるでしょうか。猫がもたらす経済効果は2020年の東京五輪を超えるという試算もあるほど。そのきっかけの一つがたま駅長だともされているのです。

たま駅長は2015年6月22日に亡くなり、名誉永久駅長に就任しました。代わって現在の駅長は、ニタマとよんたまの2匹が引き継いでいます。勤務地は伊太祈曽《いだきそ》駅か貴志駅。「働き方改革」の一環で、ちゃんと週休2日制。シフトを組んで休みの日はずらしているので、どちらかには

必ず会えるようになっています。こちらも電車の編成と同じく、出勤の日時が和歌山電鐵のサイトに掲載されています。

私が訪れた日には、伊太祁曽駅にニタマ駅長が勤務していました。大きなリュックサックを背負った外国人観光客が、みんなカメラを上に向けて一生懸命、写真撮影をしていました。

女性誌のローカル線特集でも、和歌山電鐵は「カワイイ電車の元祖」と紹介されています。これまでの鉄道はあくまでも移動のための手段であり、目的地に到達するための途中経過でしかありませんでした。それを「乗りに行きたい！」「乗って楽しい！」と思わせる仕掛けづくりによって、鉄道そのものを目的に変えたのです。鉄道に移動を超えた新しい付加価値を生み出した和歌山電鐵の成功は、全国のローカル鉄道に大きなインパクトを与えました。

2018年2月からは、猫つながりでヤマト運輸と提携し、乗客とともに宅配便を電車に乗せて運ぶ貨客混載も始まりました。「たま電車がクロネコを運ぶ」と、またもやニュースに。話題づくりの巧さも光ります。

とはいえ、今後に向けて課題がないわけではありません。小嶋社長は2019年8月、和歌山電鐵のオフィシャルサイトで、2年連続で赤字が続いていることを踏まえ、起死回生と貴志川線にかけた「キシカイセイプロジェクト」を進めることを公表し、協力を呼びかけました。

和歌山駅では、「貴志川線の未来をつくる会」が発案した「チャレンジ250万人　あと4回多く乗って永続させよう」という横断幕も見かけました。

そして、駅でふと手に取ったチラシにはこう書いてあります。

「くらしを運び〝まち〟を結ぶ地域の〝たから〟貴志川線を守り育てよう」

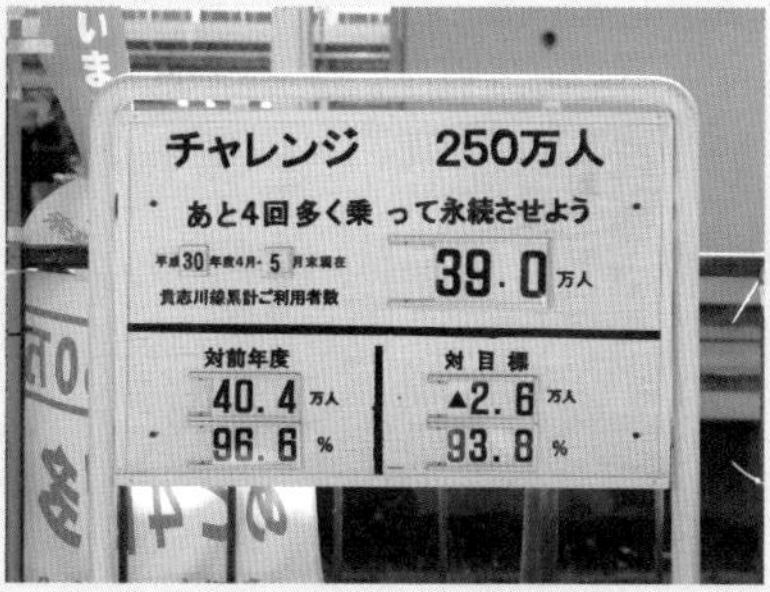

# 滋賀

滋賀

# 近江鉄道

「わざと古い」のも生きる道。

米原市〜彦根市〜
東近江市〜甲賀市ほか

近江鉄道には自動改札はない。彦根駅（写真）や近江八幡駅では駅員さんが改札をしてくれる。電車に乗る時にコミュニケーションがあるというのは今や希少となった。

会社名：近江鉄道　設立：明治29年（1896）
本社：滋賀県彦根市　営業キロ：59.5km
路線：近江鉄道本線（米原～貴生川）
多賀線（高宮～多賀大社前）
八日市線（八日市～近江八幡）
駅数：33駅
2018年度輸送人員：483万人（対前年比100.7%）

## あえて「古い」という選択

滋賀県東部を走る近江鉄道。琵琶湖の南東部に沿うように広がり、米原や近江八幡から滋賀県南東部の街をつないでいます。実は明治時代に誕生した歴史ある私鉄で、設立以来、社名を一度も変更していない数少ない鉄道の一つです。関西にあるのになぜか現在は西武グループに所属し、２０１８年には開業１２０周年を迎えました。その歴史こそ、近江鉄道のアイデンティティです。
近江鉄道に乗るなら、必ず行きたい駅舎がありました。鳥居本《とりいもと》駅です。そのレトロで可愛らしい雰囲気が女性誌の鉄道特集でも度々取り上げられ、シニアに人気の雑誌『サライ』の「訪ねていきたい駅舎」シリーズでは栄えある第1回に指名。「青春時代の原風景がこんな洋館駅舎で彩られるなんて、鳥居本の通学生は幸せだと思う」と、手放しの褒められっぷりです。「近畿の駅百選」にも、阪急梅田駅やJR大阪駅といった巨大ターミナルと並んで選定されており、国の登録有形文化財にも指定されています。

レトロ感たっぷりの鳥居本駅の駅舎。煙突がとてもユニーク。

出発は米原駅から。ホームで待っていたのはオリエントブルーの１００形。お昼前だったこともあり、地元の人たちが2両編成の中にまばらに乗っているのんびりした雰囲気。そこから2駅、あっという間に鳥居本駅に着きました。島式ホーム1面2線。線路を渡って歩いて行くと駅舎があります。

昭和6年（１９３１）、彦根～米原間の開業とともに建てられた四角い煙突と赤瓦の洋館建築。今は無人駅となり、使われていない窓口を見ながら駅舎に入ると、半円形の窓があり、天井にはハンマービームと呼ばれる西洋

木造２階建て、古い学校のようなたたずまいの新八日市駅。表側の壁面にはツタが茂る。

風の小屋組。淡いグリーンの木製の木枠と白い壁に光が降り注ぎ、まるで教会の講堂のような静謐な空間が広がっていました。駅舎入口にはマンサード（腰折れ屋根）があり、これがまた珍しいそうです。

この駅はギネス記録を持っていたことがありました。入口の看板を見ると、「この駅舎で一八四時間におよぶ世界最長コンサートが開催されギネスブックに登録されました」。駅舎のことではなく、コンサートだったとは。確かに１８４時間連続でコンサートをするのは大変でしょうが。

帰りの電車を待つために、ホーム中央にぽつんとたたずむ木造の待合室に移動しました。のどかな時間を切り裂くように、何か音がします。周囲を見渡すと、線路の西側を東海道新幹線が爆速で駆け抜けていきました。あまりのギャップに、余計に木造駅舎の可憐な姿が胸を打ちます。

鳥居本駅だけではありません、近江鉄道には１００年以上経っても現役の駅舎があります。その一つ、ツタに覆われ独特の風情を醸し出す木造2階建ての新八日市駅は、年間38万人以上（２０１８年度）の通勤・通学客が乗り降りする主要駅の一つです。洋館風の大正建築で、木組みの改札やベンチ

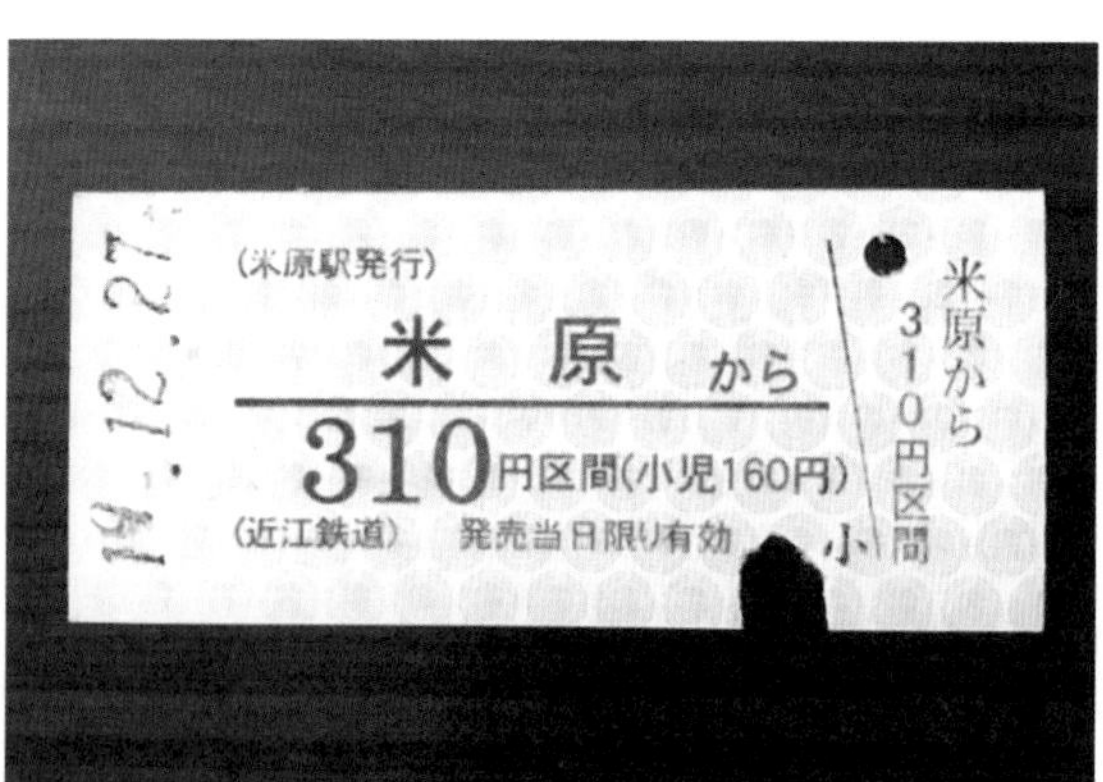


ICはおろか磁気券ですらない硬券はむしろ新鮮。

近江八幡駅に残る古い駅名標。ひょうきんな感じの平仮名と大きめのアルファベットの組み合わせが斬新。広告も渋い。

も当時のままに残されています。

実は近江鉄道では、今も硬券が現役です。自動改札機は一台もありません。彦根や近江八幡といった主要な駅の有人出札窓口の中には、硬券乗車券を運賃別に保管してある箱があり、日常的に硬券が販売されています。券売機もありますが、こちらで買うとよくある普通の切符が出てきますので、ご注意ください。

近江鉄道で広報を担当する北原翔さんによると、硬券を使う鉄道がどんどん減ってくる中で、「レトロでかわいい」と評判になってきたとのこと。「今はこだわって、あえて残しています」。ということで、時代によってローカル鉄道の考え方にも変化があるのですね。

鳥居本駅も新八日市駅の駅舎も、残したというより、建て替えられずにいたものが、時代を経るにつれて価値を見出されるようになったのです。1周回って時代が追い付いたというのは失礼かもしれませんが、これもローカル鉄道の生き残る道の一つだと言えるでしょう。

さらに、近江鉄道では駅にある看板も手芸店や牛乳、信用金庫など、まるで時が止まっているかのようなものが目立ちます。各駅の駅名標は2019年春にすべて新しいものに更新されましたが、ところどころにまだ古いものが残っています。近江八幡駅にもありました。なんだかちょっと可愛らしいと思いませんか？　ところで、日本全国の駅名標の文字を研究した石川祐基さんによる『もじ鉄』（三才ブックス・2018年）によると、かつての近江鉄道の駅名標は丸ゴシック風ではあるものの、書体名は不詳というオリジナルなのだそう。パソコンで見かけたことのある書体を使う鉄道会社が多くなった今では、これもまたかなり珍しいと言えるでしょう。

## 近江商人のプライド

古い、いや歴史をここかしこに感じる近江鉄道の始まりは明治時代にさかのぼります。近江エリアは江戸時代、江戸・大坂・京都をはじめ各地に店舗を構え、商業界に大きな勢力を持っていた近江商人の発祥の地です。

近江地方はもともと京都から北陸～東国に通じる交通の要所として商業が発達。特に蒲生《がもう》・神崎・愛知《えち》の湖東三郡の商人は全国を行商して歩き、江戸時代の商域は全国に拡大したと言われています。いずれも近江鉄道の沿線ですね。売り手よし、買い手よし、世間よしの「三方良し」は、多くの近江商人の遺訓や語録に共通する理念として、昭和になって使われ始めたものとされています。

近江エリアでは明治22年（1889）に東海道本線が開通。翌年には関西鉄道草津駅～四日市駅が全通しました。しかし、蒲生・神崎・愛知三郡の大部分はこれらのルートから外れたため、鉄道計画が浮上したのです。そこで有力近江商人と旧彦根藩士を中心に設立されたのが近江鉄道でした。近江商人たちの意地とプライドを感じますね。

とはいえ、苦労も絶えませんでした。彦根駅東口ロータリーの一角、近江鉄道本社ビル横には「辛苦是経営《しんくこれけいえい》」と刻まれた石碑が建っています。辛い時も苦しい時もまた経営であるという意味で、明治31年（1898）、彦根藩士出身で大阪府知事なども歴任した西村捨三《すてぞう》（1843～1908）が取締役を辞任した際に残した教訓です。こうした考え方も、古い駅舎や硬券を使い続けるなど、あるものを大切に使う文化につながっているのかもしれません。

そんな近江鉄道も、昭和18年（1943）、沿線の愛知郡出身の堤《つつみ》康《やす》次郎《じろう》（1889〜1964）率いる箱根土地（現プリンスホテル）の経営傘下に入りました。堤康次郎といえば、滋賀県選出の衆院議員であり、なにより西武グループの創業者として有名です。近江鉄道が関東を拠点にする西武グループに所属しているのは不思議だったのですが、これもまた近江商人のつながりですね。

近江鉄道は滋賀県内ではもちろん、今回紹介している関西11のローカル鉄道の中でも最古の私鉄になります。明治29年（1896）の設立以来、近隣の鉄道会社などと何度か合併を行っていますが、近江鉄道の社名は一回も変更されていません。明治期に生まれた歴史ある私鉄のうち、設立以来、社名を一度も変更せずに存続しているのは、近江鉄道のほか東武鉄道（東京都墨田区）と島原鉄道（長崎県島原市）の3社しかないそうです。

彦根駅の東側、近江鉄道の社屋のすぐ北側に社是を刻んだ石碑が立つ。

2019年5月に引退した700形の「あかね号」。シャープでスタイリッシュなルックスが愛された。

## ユニーク過ぎる改造車両群

近江鉄道は実は車両改造の技術力の高さに定評があり、彦根市には自社工場を持っています。長い歴史のある私鉄が自社工場を持つケースはありますが、地方のローカル鉄道では珍しく、関西では唯一の存在です。

彦根工場では、親会社の西武鉄道から購入した中古車両を使い勝手のいいように改造してきた歴史があります。現在の主力である800形、900形はいずれも彦根工場で改造したもので、操作しやすい電気指令式ブレーキに改造していることが共通しています。

とはいえ、そこはやはりローカル鉄道。多数の車両を一度に整備するような人手や設備があるわけでもありません。西武鉄道からある程度まとまった車両数を買い取っておき、50年と言われる車両の寿命を見ながら1年に1編成のペースで改造しています。

中でも伝説と化しているのが700形「あかね号」でした。もともとは西武鉄道で通勤用に使われていた401系電車に、JR東日本の185系が車内リニューアルした際に不要になった転換クロスシートを搭載。車内にはロングシートだった西武401系の面影はありません。外側の車体が西武401系、中身がJR東日本の185系。こんな意味不明な、いや、高い技術力と匠の愛と情熱が注ぎ込まれた車両は全国どこを探してもありません。

平成10年（1998）、近江鉄道開業100周年を記念してデビュー。イベント用にも使える多目的列車です。小田急電鉄（東京）の特急になぞらえて、「近江鉄道のロマンスカー」と呼ばれることもありました。イベント列車ではなく通常運用され、しかも運用は特に決まっているわけではなく、他の形列と共通となっているので、出会えたら超ラッキーと言われていました。

残念ながら700形「あかね号」は、老朽化によって2019年の5月をもって引退。愛称とともに、クリーム色に赤と青の帯の塗装も900形車両に引き継がれました。

同じく西武401系を改造した800形にも珍しい改造が施されています。20ｍの大型車体がホームなどの建築限界に接触してしまうため、車体下部の四隅を三角形に切り取る「面取り」を行うという荒技。しかも、フロントの顔部分は切って別のものをはめこんでいます。中には原型を留めていないほど大がかりな改造が行われるものもあり、さらには車籍の改造も加わるため、鉄道車両史研究者の興味深い研究対象になっているそうです。また、2016年には創立120周年を記念して、820形のうち1編成を、「赤電」と呼ばれていた旧1形電車の塗装にお色直し

「赤電」復刻塗装の820形車両。「面取り」が行われている。

目にも鮮やかなカラーリングの100形車両。導入に当たってはワンマン運転に対応できるように改造されている。

しました。

そんな８００形は、誰が呼んだか鉄道版「テセウスの船」。耳慣れない言葉ですが、「ある物体のすべての構成要素（部品）が置き換えられたとき、それは基本的に同じものであると言えるのか」という古くはギリシャ神話時代からの命題なのだそうです。ああ、１００年どころか１０００年の時を超え、ギリシャ神話の世界にも足を踏み入れている近江鉄道。

しかし、かつてはたたき上げの匠たちが多く活躍していましたが、時代の流れとともに技術の継承が難しくなり、直近の西武１０１系を改造した１００形は外注による改造です。主要機器は西武時代のものをそのまま使うことになったため、近江鉄道では初めての電磁直通ブレーキを採用。車体のオリエントブルーは琵琶湖をイメージしたオリジナル塗装。このうち１０１号編成には「湖風号《うみかぜ》」の愛称が付けられています。

## 再来した「辛苦是経営」

かつては近江鉄道の略称として「近鉄」が使われていました。「きんてつ」と呼ばれており、一部の地元の人からは今でもこう呼ばれるそうです。しかし、昭和19年（１９４４）に近畿日本鉄道が発足すると、さすがに「近鉄」は使われなくなりました。

現在の地元での愛称は「ガチャコン電車」です。日常的に乗っている高校生たちからは「ガチャ」とさらに略されることも。本当にこんな不思議な擬音の呼び方が使われているのか疑問でしたが、広報の北原さんによると、本当に使われているのだそうです。

何がどうして「ガチャコン」なのか。これは線路を走る電車の走行音が「ガチャコン、ガチャコン」と聞こえたことに由来しているという説があります。確かに言われてみると、ガチャコンという音を響かせている気がしてきました。

乗客が少ないローカル鉄道では、単行と言われる1両での運行が珍しくありませんが、近江鉄道は昼間の乗客が少ない昼間の時間帯も必ず2両編成で運用。乗客は1両目の後ろから乗り、1両目の前から降りる、ローカル鉄道あるあるなワンマン運転。よく知っている地元の人ほど、降りる時のことを考えて1両目に集中して乗っています。

しかし、「辛苦是経営」を続けてきた近江鉄道は今、再びの危機に直面しています。設立以来、鉄道以外にもバスやタクシー、サービスエリアなど多様な事業を展開してきました。その中で鉄道事業は平成6年（１９９４）度から赤字に転落。営業赤字は25年連続で、しかも拡大し続けています。2018年度は約11億3000万円の営業収益に対して、かかった費用は約15億1000万円。3億8000万円の赤字となり、バスなどほかの事業の黒字で穴埋めしている状況です。乗客数もピークだった昭和42年（1967）には1126万人を運んでいましたが、一時は2002年度に369万人と、ピーク時に比べると3割の水準にまで落ち込みました。

とは言え、ただじっと待っているわけではありません。2006年、エレベータやエスカレーターの大型メーカーであるフジテック本社が沿線に移転してきたため、フジテック前駅を開業。さらに2008年、SCREENホールディングス彦根事業所の敷地内にスクリーン駅を開設。通勤客の需要を取り込むだけでなく、フジテック前駅は彦根市から、スクリーン駅は企業から駅舎設置費用の支援を受けています。その他、沿線の高校の統合によって学生数が増えたこともあり、2017年度は479万人と、2002年度から110万人も増やしました。成果は出ていると言えます。

ただ、今後は老朽化したレールの更新や踏切・橋梁の修繕、そして車両の更新なども重なり、過去10年間の4割増となる56億5000万円の設備投資が必要となる試算が出ています。沿線の人口も2015年から減少に転じている中で、収支の改善は難しいと見られています。

一般的に鉄道では輸送密度（1kmあたりの1日の輸送人員）が2000人未満の場合、黒字化は難しいとされています。近江鉄道の場合、3路線のうち、八日市線の輸送密度は4681人、近江鉄道本線の彦根〜高宮は3058人ですが、残る路線や区間では2000人を下回っており、全体で平均すると1902人。600人に満たない区間もあります。

彦根駅の改札にて。駅や車両などそこここに見られる懐かしさは、間違いなく近江鉄道の魅力の一つ。

ＪＲ北海道が２０１６年に単独では維持困難な路線を公表し、その後、札沼線の北海道医療大学（当別町）～新十津川（新十津川町）など、次々と廃線が決まっていっていることは記憶に新しいと思います。近江鉄道も同様に、鉄道経営を単独で維持することが将来的に困難になるという見通しを沿線の自治体に伝えていたことが２０１７年12月に明らかになり、大きく報道されました。

広報の北原さんは「当社としては残したい思いはもちろんありますが、試算すると民間では成り立たないのが実情です。しかし、１２０年の歴史があり、鉄道として残せるのか、地域と一緒に広域的に考えていきたいと話をさせてもらいました」と説明します。

これを受け、滋賀県は地域として近江鉄道線のあり方を協議する任意協議会を発足。沿線自治体が5市5町にもまたがる中で足並みを揃えるのは難しいという声もありますが、２０１８年末に開かれた会議では、鉄道としての存続を望む意見が相次ぎ、座長に選出された大阪大学の土井勉特任教授（当時）は「近江鉄道の役割は大きい。20～30年後の姿を考えることは、社会をどうつくるかということだ」と述べました。

また、自治体を中心に持続可能な地域公共交通ネットワークのあり方を検討する地域公共交通活性化再生法に基づく協議会を２０１９年11月に設置し、地域住民や学識経験者を含めて協議が進められる予定です。

## 閉館ミュージアムの志を継いで

近江鉄道の各駅にはイベント列車のチラシやポスターをよく見かけます。経営改善に向けて積極的にイベント電車を走らせ、地域との協働も進めています。

代表的なのがビール電車。キリンビールの滋賀工場が沿線にあることから始まった企画で、今ではビールにとどまらず、ワイン電車や地酒電車も。飲み鉄にはたまりませんね。特に「近江の地酒電車」は、滋賀県内にある蔵元の協力で実現した企画。直近のシーズンでは12もの蔵元が勢揃い。お酒と電車の組み合わせは各地で見られますが、こんなに種類豊富に楽しめる機会はなかなかないそうです。しかも、飲み放題で価格設定もリーズナブル。乗車率は好調で、満席になることも少なくありません。

4年前に始めた当初は近隣のお客さんが中心で、沿線の住民があらためて乗るきっかけになっていました。それが5年目に入り、京阪神

酒どころでもある滋賀の銘酒をたっぷり楽しめる近江の地酒電車。

エリアのお客さんが増え、乗客の3割を占めるまでになってきました。1日乗車券を使って滋賀や近江鉄道沿線を観光した後、地酒列車を楽しむというパターンが多いそうです。

イベント列車を担当する鉄道部鉄道営業課（取材当時）の伊藤大介さんは、お客さんとのふれあいが楽しく、常連さんから「また来たよ！」と声を掛けられるようになったと話します。「みなさん、ええ調子で飲んで帰られるんですよ。それを見ているのも楽しいですね」。

また、高宮駅、多賀大社前駅、尼子《あまご》駅などが駅舎改築に合わせてコミュニティハウスとして生まれ変わりました。待合室や交流、展示の場として地元の人たちに使われています。注目したいのは八日市から貴生川《きぶかわ》の途中にある日野駅。大正5年（1916）に建てられた国内最古級の現役駅舎を後世に残そうと、地元の日野町が近くの商店街、日野まちなみ保存会、観光協会などとプランをまとめ、再生プロジェクトがスタートしました。

外観をできるだけ残した形で駅舎を改修。駅舎内に観光案内所と主に日替わりカフェが入る交流施設「なないろ」が2017年にオープン。木造で落ち着いた雰囲気の店内からは駅と線路が見渡せます。地方では電源とWi-Fi探しに苦労することが多いですがここにはちゃんと完備されており、電車待ちの時間をストレスなく過ごすことができます。

「なないろ」のカフェは日替わりです。わたしが訪ねた日は、日野町観光協会のスタッフが対応していて、「駅舎コーヒー」と名付けられたブレンドコーヒーとピザトーストのセットが用意してありました。そのほか町内のお店が出店している日やイベントが開かれる日もあり、カレンダーが公開されています。

目玉は駅舎近くに設置する「小さな鉄道ミュージアム」（仮）です。駅構内で貨車の移動に

日野駅にオープンした「なないろ」のカフェ。これからさらに充実が図られる予定。

使われた「タッグローダー」などを展示する予定。このタッグローダーは昭和44年（1969）に製造され、現存するものとしては全国で最古の可能性もあるそうなのです。

さらに、2018年に惜しまれつつ閉館した近江鉄道ミュージアムの関連資料も展示する方向で調整しています。2019年度中のオープンを目指し、ふるさと納税で1500万円を集めるのが町の目標。担当者は「全国でも貴重な鉄道遺産を通じ、日野駅の歴史を感じてもらう拠点にしたい」と話します。

最後に、あらためて「辛苦是経営」という石碑について、北原さんと伊藤さんに聞いてみました。公式に教わったことはないそうですが、それでも上司や先輩から必ず語り継がれ、この石碑を知らない社員はいないそうです。

鉄道が好きで入社したという伊藤さんは「今後の議論は置いておいて、何もしないわけにいかない。まず自分たちができることは乗っていただくように、親しまれるような鉄道にしていきたい」と語ります。北原さんもこう結びました。「先輩方が築き上げた120年の歴史が強み。辛い時も苦しい時も乗り越えてこそ今がある。社名にも入っているように、やはり会社の根幹は鉄道。その使命を感じています」。

鉄分補給
**【近江鉄道篇】**

## 歴史をつなぐ、新旧のミュージアム

かつて彦根駅にあった近江鉄道ミュージアム。実物車両の惜しげもない展示が人気だった。

近江鉄道ミュージアムは、彦根駅構内にあった大正9年（1920）築の木造建物を改修し、彦根城築城400年祭に合わせて2007年にオープン。月1回程度の開館日を設けて、一般公開してきました。

館内には近江鉄道に関する歴史的資料が展示されていたほか、屋外には貨物列車などで活躍した大正時代や昭和初期の電気機関車などの実物車両も保存されていました。芝浦製作所（現東芝）による国産初期の電気機関車ED31形や、国鉄から譲り受けたセメント原石輸送専用車として活躍したED14形、元阪和電気鉄道（現JR阪和線）のロコ1101形などなど。近江鉄道120年の歴史への意地と誇りを感じられるスポットでした。

しかし、2018年の夏に相次いだ大型台風で建物の窓枠の一部が落下し、安全性を確保できない状態になりました。屋外の車両群も雨ざらしのためどうしても劣化が激しく、安全面を考えた結果、この年の12月でミュージアムは閉鎖となりました。

その後、その意志を受け継ぐように2019年11月に八日市駅に新しいミュージアムがオープン。駅舎内のため、さすがに車両の展示とまではいきませんが、見る・触れる・知るをコンセプトに、ヒストリーパネルや歴史的資料の展示を通して120年の歴史を体感できます。また、運転士気分を味わえる運転席BOXや、子どもたちに人気のトイトレインで近江鉄道の車両をリモコン操作できるコーナーも。歴史を大切にする姿勢は、これからも続いていきます。

八日市駅にオープンしたミュージアム。規模はコンパクトになっても歴史の価値は変わらない。

おすすめコース
4

やってみよう！

# 【近江鉄道】「深イイ」歴史を感じるツアー

とにかく「懐かしい」ものをめぐろう。硬券切符は出場の際に無効印を押してもらえば持って帰れるので、乗車の記念品におすすめ。近江商人とゆかりの深い近江八幡で、水郷やヴォーリズ建築などを普通に見て歩くのも楽しい。貴生川から信楽高原鉄道（P■）へ向かう、ローカル鉄道ハシゴももちろんアリだ。

元気があれば、レンタサイクルを借りて、ビワイチ（琵琶湖1周）にチャレンジしよう。

GOAL
米原

駅舎のベンチに座ってたたずんでみよう。
→ P89

鳥居本

彦根

石碑の前に立ち、近江商人の心意気に思いを馳せよう。
→ P93

近江鉄道本線

八日市

駅員さんのいる窓口で硬券切符を買おう。
→ P90

近江八幡 ・・・ 八日市線 ・・・ 新八日市

START

木造駅舎の味わいを噛み締めよう。
→ P90

## 沿線ローカルフード

### 近江ちゃんぽん

昭和38年（1963）、彦根で開業した［麺類をかべ］がルーツ。あり合わせの材料で労働者のために具だくさんのちゃんぽんを作ったところ、評判となって定番メニューに。2004年に［ちゃんぽん亭総本家］と名前を変え、滋賀県を中心に全国に展開。近江鉄道沿線では、彦根駅や八日市駅、近江八幡駅の近くなどに店舗がある。

http://chanpontei.com/

滋賀

# 信楽高原鐵道

4度もの危機を乗り越えて。

甲賀市

紫香楽宮跡駅の手前に差しかかったSKR400形。2015年に導入された新しい車両で、運転台からの指令を電子制御に変換できるだけでなく、故障や空調情報などもデジタル化し、管理できる。

## 山道を登り、たぬきに出会う

現在の信楽高原鐵道は、前身である国鉄信楽線が赤字ローカル線として廃止対象となったことを受け、昭和62年（1987）、滋賀県や甲賀《こうか》市などが出資する第三セクターとして設立されました。乗客の中心は地元の高校生たち。小学生や中学生も利用しています。

貴生川《きぶがわ》～信楽間をつなぐ14・7km、6駅の単線。起点となる貴生川駅にはJR西日本の草津線と近江鉄道（P86）と共に乗り入れており、山間にありながら3路線が接続するにぎやかな駅となっています。

そんな貴生川駅では、まず改札をくぐる時から戸惑います。JR用の自動改札機が並ぶ横に、ひっそりとたたずんでいる信楽高原鐵道の表示。しかし、あたりを見渡しても、切符の売り場や券売機はありません。代わりにあるのが「乗車駅証明書発行機」というオレンジ色の箱。改札に向かって真後ろにぽつんとあり、目の前に普通にあるのに、「え、これ？」と、見つけ出すのに時間

貴生川駅の改札に向かって真後ろにある乗車駅証明書発行機。

旧国鉄信楽線の標示が残る信楽高原鐵道のホーム。「スカーレット」ラッピングの SKR400 形 401 号車が停車中。

がかかってしまいました。実はＪＲの券売機にある案内をよく見ると、ここで証明書を発行してからホームへ向かうようにと小さく書かれています。なるほど、これのことだったのか。ボタンを押すと、レシートのような小さな紙が発行されます。

貴生川駅には信楽高原鉄道専用の改札はなく、ＪＲとの共用であるため、改札を通る際には乗客が信楽高原鐵道に乗るのか、ＪＲの草津線に乗るのかがわかりません。そのために証明書が必要というわけです。なんだか仰々しい気もしますが、これもまたローカル鉄道の旅の醍醐味として楽しみましょう。

さて、階段を降りて行くと、島式ホームの片側に、国鉄時代の名残か「信楽線」という表示がありました。ホームのもう片方はＪＲ草津線。貴生川駅はＪＲが使う相対式ホーム2面2線と、信楽高原鐵道が使う切欠《きりかき》ホーム1線、さらに近江鉄道（1面2線）も乗り入れているというユニークな構造になっているのです。

そのホームにぽつんと自動改札機があります。JR

忍ラッピングのSKR310形311号車。2017年にラッピングが施された。

はＩＣＯＣＡなどのＩＣカードが使えますが、一方の信楽高原鐵道は未対応です。改札を通らずにＪＲから信楽高原鐵道に乗り換えるＩＣカード利用者が困らないように、入出場処理の簡易改札機が置かれているのです。

そこへやってきたのはＳＫＲ３１０形３１１号車。地元の甲賀市が忍者の里であることにちなんだ忍ラッピングで、２００１年新造のディーゼル車です。中古車を購入することが多いローカル鉄道では新造は珍しいですが、第三セクターとして地元自治体の支援を受けることができたことから実現しています。20年近く経っていますが、手入れが行き届いているのか、まだまだ新しい印象。車内の壁や座席には忍者風の衣装に身を包んだたぬきが描かれています。忍ラッピングには３１１号・３１２号の2両があり、もう1両は紫色です。

最近の話題は、主人公が信楽焼の陶芸家であるＮＨＫの朝の連続テレビ小説「スカーレット」とコラボしたラッピング車両です。ＳＫＲ４００形４０１号車の車体にヒロインである女優の戸田恵梨香さんや陶器のイラストなどが描かれ、車内にも装飾が施されています。ちなみに、信楽高原鉄道は整理券システムで、バスに乗る時のように電車の入口脇に整理券の発行機が置かれ、乗車区間に応じて運賃を支払います。

出発すると電車は住宅地を抜け、杣川《そま》を渡り、ぐんぐん坂を登り始めます。終点の信楽は高原地帯の盆地にあるため、連続33パーミルという急勾配が続くのです。ふと振り向くと、貴生川の町並みが見えます。ずいぶん登ったなと思ったものの、山道は続き、次の駅に着く気配はありません。思わず不安になりましたが、それもそのはず。貴生川駅の次にある紫香楽宮跡《しがらききゅうあと》駅までは距離にして９.６km、10分以上もかかるのです。

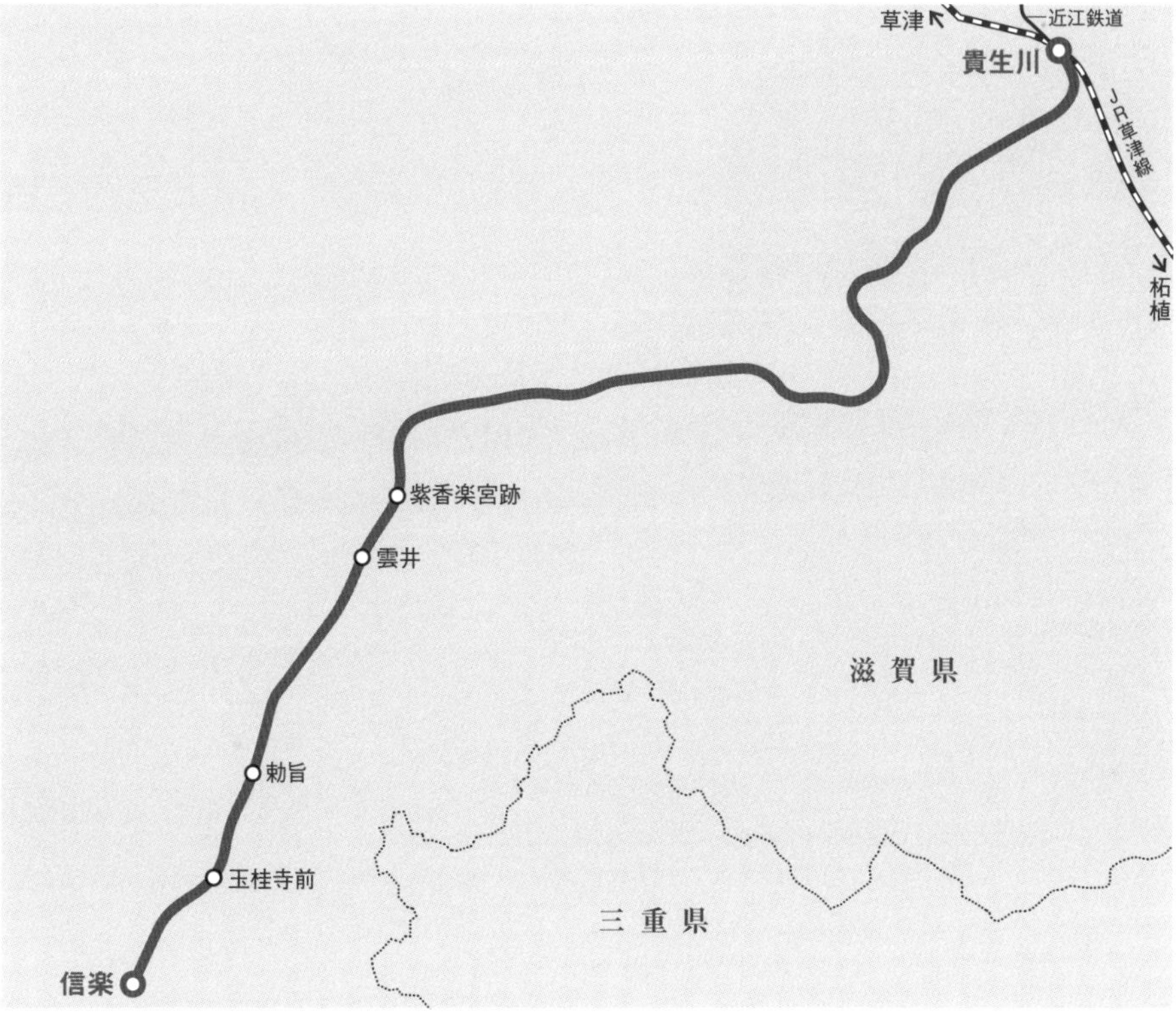


会社名：信楽高原鐵道株式会社　設立：昭和 62 年（1987）　本社：滋賀県甲賀市
営業キロ：14.7km　路線：貴生川～信楽　駅数：6 駅
2018 年度乗客数：41 万 6620 人（対前年比 98%）

貴生川駅で、JR から信楽高原鐵道へ（または信楽高原鐵道から JR へ）IC カードを使って乗り継ぐ場合はこの入出場管理用改札を通ろう。

貴生川駅を出発すると市街地がだんだんと遠ざかっていく。線路は１本。「カントリー・ロード」を口ずさみたくなる。

しかも、この区間が14・７kmのうちの９・６km、全線の65％を占めています。かつて蒸気機関車の時代はこの数倍の時間がかかったのではないでしょうか。高原鐵道とは伊達ではないのです。

ようやく紫香楽宮跡駅に到着。奈良時代の742年、聖武天皇により離宮として造営された紫香楽宮が営まれていたことに由来する駅名です。信楽焼はこの紫香楽宮の宮瓦を焼くために始まったと伝えられ、日本六古窯《こよう》の１つに数えられています。駅名標には２匹のたぬきが。信楽高原鐵道では、どこに行ってもたぬきの置物が迎えてくれます。

終点の信楽駅まで24分。終点だからでしょうか、これでもかと言わんばかりにホームには大小さまざまなたぬきたちがずらり。その姿はなかなか壮観です。改札前には虹色のたぬき、駅舎内ではたぬきのテツコ駅長が（もちろん焼きもの）。切符を買う窓口にも「いらっしゃいませ」と木の札を持ったたぬき。さらに駅舎の外には５ｍの大たぬきが待っているではありませんか。さすがは町のシンボル、公

終点の信楽駅ではやっぱりたぬきが大勢でお出迎え。人よりもたぬきの方が多いのではという日もあるほど。

衆電話が小さく見えるほどの迫力に押されます。

この大たぬき、季節ごとに衣装が取り替えられ、ハロウィーンの衣装を着たり、スノーマンになったり、サンタクロースになったりと、観光客を楽しませています。着せ替え役は信楽町観光協会の7人がかりで行っているとのこと。ちなみに、「信楽＝たぬき」というイメージは昭和26年（1951）、昭和天皇の信楽行幸の際、小旗を持って並んで歓迎する信楽狸が全国的に報道されたことで定着したそうです。

公衆電話にたぬきがくっついているというより、巨大なたぬきが電話を持っている感じ。

## 住民たちが自ら敷いた鉄路

旧信楽町の人口は1万2000人。現在は合併して甲賀市になりましたが、もともとそんな小さな町に鉄道が走っているなんて、不思議ではないでしょうか。元甲賀市役場の職員で、退職後、信楽高原鐵道の総務課長を務めた友田啓視さんに紐解いてもらいました。

友田さんによれば、かつて信楽焼は火鉢の8～9割のシェアを占めていたそうです。火鉢を含めて信楽焼が産業として発展してきたことから、住民たちから鉄道輸送を望む声が高まります。それまでは牛車や馬を使って途中まで運び、ふもとの貴生川まではケーブルで下ろすという、とんでもない手間をかけて輸送していたのです。鉄道という便利な輸送機関を熱望する気持ちは想像に難くありません。

こうした声を受け、大正11年（1922）、貴生川から現在のJR関西本線の加茂駅までを結ぶ鉄道の建設が決定しました。昭和4年（1929）に着工、昭和8年（1933）に国鉄信楽線として、まずは貴生川～信楽間が開業しました。信楽と国鉄東海道線がつながったのです。

しかし、喜んだのもつかの間、戦争が影を落とします。第二次世界大戦中の昭和18年（1943）、不要不急線と見なされた信楽線は、軍需のためにレールと枕木が剥がされ、一旦廃線となりました。

それでも地域の住民はあきらめませんでした。国鉄バスによる代行運輸に頼りながらも鉄路

旧国鉄時代の信楽駅。廃線が取り沙汰され始めた昭和50年代中頃の様子。

復活を強く要望し、自ら枕木の材料を提供。さらに力を合わせて作業し、再びレールを敷いたのです。そして、終戦から2年後の昭和22年（１９４７）、信楽線は見事に復活しました。

特産の信楽焼を運び、山間にある信楽の交通アクセスを改善するという重要な役割はありましたが、結局、もともと計画されていた加茂駅までの延伸は叶わず、行き止まりの線になってしまいました。もし加茂駅まで繋がっていれば、大阪からの直通列車が運転された可能性があり、今の信楽高原鐵道をめぐる環境も大きく違っていたかもしれません。

この結果、信楽から滋賀県の県庁所在地である大津方面へ向かう場合、貴生川へ戻り、そこから迂回するルートになりました。道路整備も進み、次第に線路の流れと人の移動が噛み合わなくなってしまったのです。

やがて信楽高原鐵道は典型的な国鉄赤字ローカル線に転落。昭和50年（１９７５）頃の営業係数は６９３。超が付く赤字です。昭和43年（１９６８）、国鉄諮問委員会は信楽線を廃止路線に指定しました。しかし、ここでも住民が立ち上がります。数年間にわたって廃止反対運動が展開され、昭和

各駅に見られる看板が、この鉄道と地域が紡いできた絆を物語っている。

55年（1980）には「信楽線を守る会」を結成。第1回信楽線廃止反対住民総決議集会も開かれ、反対の声を上げ続けました。

翌年には、国鉄再建法に基づき、第一次廃止対象特定地方交通線の40路線の中の一つに指定されましたが、当時の廃止基準は輸送密度2000人。住民の「乗って残そう運動」が成功し、この基準をクリアしたことで、一時は廃止の議論がストップしていました。

しかし、昭和61年（1986）の第3次廃止対象の選定では、この基準が4000人に引き上げられました。なんとか踏ん張って2000人を維持していたローカル線にとって、4000人は高すぎる壁。あえなく廃止が承認されました。

そこで住民と地元の滋賀県、甲賀市が第三セクターでの運行引き継ぎを目指し、信楽高原鐵道株式会社を設立。初代の社長には当時の信楽町の宮脇武市町長が就任。上京する度に必ず運輸省（現国土交通省）や国鉄に足を運んだと言います。「それはもう強烈に主張しておられました」と、陳情に同席したこともある友田さんは振り返ります。

第三セクターの株主には、甲賀市・滋賀県・湖南市といった自治体や、近江鉄道、滋賀銀行といった地元の大企業のほか、甲賀市信楽地域区長会という住民組織、さらには信楽陶器工業協同組合、信楽陶器卸商業協同組合、信楽商店協同組合など信楽焼関係者がずらりと並びました。

昭和62年（1987）、国鉄の分割民営化によりJR西日本に継承され、7月12日にJR信楽線は廃止。翌13日、第三セクターの信楽高原鐵道が開業し、レールは引き継がれました。その時に掲げられたのが「未来へ走る鉄道へ再出発」という看板。今でも信楽高原鐵道の各駅で見ることができます。

「セーフティしがらき」の展示。ヘッドマークの歪みなどが生々しく、事故の凄まじさを伝える。

## もう一つの誓い、「セーフティーしがらき」

信楽高原鐵道といえば、平成3年（１９９１）の列車衝突事故について触れないわけにはいきません。

この年の5月、信楽で開催されていた世界陶芸祭にちなんだ「世界陶芸祭しがらき号」が、紫香楽宮跡駅手前にある小野谷信号場付近でＪＲの普通列車と正面衝突。定員の2倍以上となる超満員の乗客（７１６人）を乗せており、42人が死亡、６１４人が重軽傷という大事故となりました。信楽高原鐵道は、列車を乗り入れていたＪＲ西日本と共に安全対策に対する姿勢が厳しく問われます。遺族への被害弁償などで多額の債務も抱え、経営を揺るがす事態に陥ります。

７ヶ月間、運休した後、地元を挙げて「鉄道安全宣言の町」として運行を再開。車両や運行システムに事故対策を盛り込み、平成9年（１９９７）に信楽駅舎内に「セーフティーしがらき」を開設しました。事故を記憶に刻む施設で、遺族の希望により「しがらき号」のヘッドマークやスイッチ盤、無線機といった事故車両の部品を展示。朝から夕方まで年中無休で見学することができます。

「ご遺族の強い意向があり開設しています。二度とこのような列車事故を起こさないことが、何をおいても私どもの責務です」と、ＪＲ西日本ＯＢでもある尾中庄一常務は話します。

ＪＲ西日本は２００５年４月の福知山線脱線事故を機に、研修施設である鉄道安全考動館を

列車衝突事故の現場付近に設けられた慰霊碑。誰でも自由に見学することができる。

開設しましたが、一般公開は行っていません。航空業界でも同様の施設の見学は事前申込者に限られています。セーフティーしがらきには、同社の姿勢が現れていると言っていいでしょう。紫香楽宮跡駅徒歩5分にある事故現場には慰霊碑が建てられており、車内からも見ることができます。

信楽高原鐵道はその後、２０１３年9月の台風18号による豪雨被害でも、全面運休に追い込まれました。貴生川駅近くの川にかかる橋の橋脚や橋桁が流され、線路上の約30ケ所で土砂崩落などが確認されました。代行バスの運行が続くと、廃線の可能性も浮上してきました。

しかし、ここでもやはり住民たちが立ち上がります。通学で使っていた地元の高校生が鉄道存続署名を集めたことをきっかけに、住民の間で支援の機運が再燃。無事に国や甲賀市の財政支援を得て、２０１４年11月に再開を果たしました。再開に合わせて、運休前に企画していた開通80周年の記念乗車券を予定通り発売。1枚１０００円で1日乗り放題の特典付き。旧国鉄信楽線時代の蒸気機関車をはじめ、歴代の車両をあしらったデザインで、限定販売の１５００枚はたちまち売り切れました。

4度もの廃線の危機を乗り越えてきた信楽高原鐵道。２０１５年、２０１７年と立て続けにはＳＫＲ４００形、５００形という新潟トランシス製の最新型の気動車を投入するなど明るいニュースもあります。とはいえ、沿線の人口が減り、乗客数も減っていく厳しい環境は大きく変わりはありません。近江鉄道とともに「びわこ京阪奈線（仮称）」という滋賀県と京都府を結ぶ国の構想路線の一部になり、実現が期待されていますが、先行きは不透明な状況です。

甲賀市には年間３００万人前後の観光客が訪れており、その中でも焼きものの一大産地である信楽のネームバリューは衰えていません。さらに忍者ブームやインバウンドといった追い風もあり、観光バスで訪れるお客さんのルートに信楽高原鐵道を組み込み、鉄道旅を楽しんでもらおうという取り組みも進めています。

沿線の歴史に根ざしたたぬきたちが、招き猫ならぬ、招きたぬきとなりますように。

鉄分補給

**【信楽高原鐵道編】**

## 「びわこ京阪奈線（仮称）」って何？

近江鉄道八日市駅にも「京阪奈線」実現に向けたメッセージを発見。

JR 東海道本線の米原駅（滋賀県米原市）と JR 学研都市線の京田辺駅（京都府京田辺市）を、既存鉄道路線の活用と新線建設で結ぶ構想。全長は 92km で、1980 年代のバブル期にびわこ空港とともに立案され、びわこ空港が廃案となった今も、構想だけは残っています。

平成元年（1989）、滋賀県知事を会長とし、沿線市町選出の県議会議員、沿線５市５町（彦根市・近江八幡市・甲賀市・東近江市・米原市・日野町・愛荘町・豊郷町・甲良町・多賀町）の市町長および市町議会議長で「湖東・大阪線（仮称）鉄道建設期成同盟会」が発足したことが始まりです。米原～貴生川（滋賀県甲賀市）間は近江鉄道の本線を、貴生川～信楽（同甲賀市）間は信楽高原鉄道線をそれぞれ改良し、信楽～京田辺間は新線を建設することで、米原駅と京田辺駅を連絡する計画になっています。

同会パンフレットの「構想のねらい」には学研都市や大阪湾岸と滋賀県を結ぶほか、近江鉄道と信楽高原鉄道の存続も挙げられています。

平成７年（1995）には、びわこ京阪奈線（仮称）鉄道建設期成同盟会と改称し、事業家可能性調査などを行ってきました。2004 年に近畿地方交通審議会答申で検討の対象になりましたが、答申には盛り込まれませんでした。その後、2014 年には地元の小学生が制作した「びわこ京阪奈線」早期実現を目指すヘッドマークが近江鉄道の電車などに掲示されたこともありましたが、建設についての具体的な動きはまだ見られません。

おすすめコース

5

# 【信楽高原鐵道】

やってみよう！

## 「たぬき」の郷へ、のんびりと。

JR とのちょっと変わった乗り換えを楽しもう。
→ P110

START

貴生川駅

NHK の朝の連続テレビ小説の舞台となり、一躍、脚光を浴びることとなった焼きものの郷・信楽。その道中はたぬき、たぬき、たぬきの連続だ。意外に新しい車両も多い。

[銀俵]（下欄参照）の炊きたての白ご飯で満腹になろう。

紫香楽宮跡駅

脱線事故の慰霊碑を訪問しよう。→ P118

雲井

信楽駅

GOAL

大たぬきの電話ボックスから、電話をかけてみよう。→ P113

セーフティーしがらきを見学しよう。→ P117

### 駅近の名店　雲井

### 銀俵《ぎんだわら》

雲井駅から徒歩６分。信楽焼の羽釜を使った炊きたての白米が味わえる。しかもおかわり自由！　野菜などの食材にこだわり、手作りの副菜や漬物、地元の味噌を使ったお味噌汁近など観光客にも嬉しい食事処。江米粉の唐揚げ定食1,330円、大和芋とろろ定食925円。

●甲賀市信楽町牧 1396　☎ 0748-83-8016
11:00AM ～ 3:00PM LO（土・日・祝～ 7:30PMLO）　年末年始休
http://gindawara.jp/

# 兵庫

兵庫

# 力を合わせてつくる、「みんなの鉄道」。

# 北《ほう》条《じょう》鉄道

加西市～小野市

北条鉄道の始発駅・北条町駅にて。列車から降りてくる人たちを駅員が笑顔で出迎える。笑顔が多いのが北条鉄道の特徴。

列車とコントラバスという意外すぎる組み合わせ。鉄道の可能性を感じずにはいられない。

## ステーションマスターという新発想

北条鉄道は、昭和60年（１９８５）、もともとは国鉄北条線だった路線を、地元の加西《かさい》市や兵庫県などが第三セクター化して引き継いだものです。ＪＲ加古川線・神戸電鉄（Ｐ１４４）粟《あ》生《お》線と接続する粟生駅から、播磨平野を突っ切って、加西市の北条町駅までを結ぶ行き止まりの単線。高校生や地元の住民が日常的に使う生活路線です。

全長13・６km、８駅で観光列車も持たない小さなローカル鉄道ながら、近年、開業時とほぼ同じ水準にまで乗客数・収益を盛り返しています。その秘訣は圧倒的な住民力。鉄道会社と地元住民、そしてファンが一緒につくる、「みんなの鉄道」という新しい地平を切り開いているのです。

２０１６年、北条鉄道を支援する加西市公共交通活性化協議会が、他地域の模範となるような顕著な功績があった団体を表彰する地域公共交通優良団体国土交通大臣表彰に選ばれました。その理由は駅。起点の粟生駅と終点の北条町駅を除けば無人駅ばかりなのに、にぎわいの拠点になっているというのです。

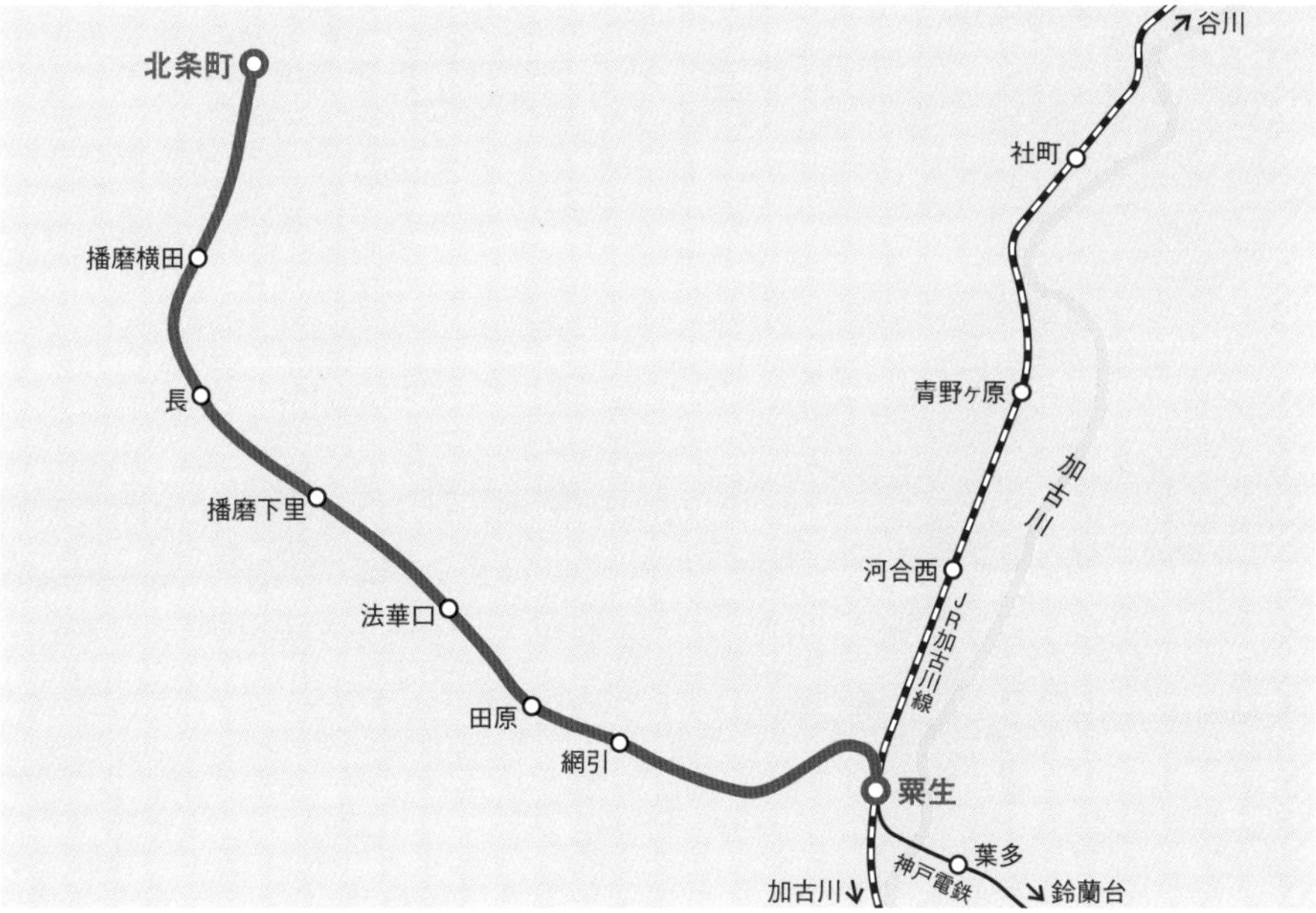


会社名：北条鉄道株式会社　設立：昭和 59 年（1984）
本社：兵庫県加西市　営業キロ：13.6km
路線：粟生～北条町
駅数：8 駅　2016 年度乗客数：34 万人（対前年比 97%）

一体どういうことかと思いつつ、北条鉄道の列車を使った貸し切りコンサートがあると聞き、手に取ったチラシ。奏者のプロフィール欄を見て、思わずのけぞりました。

**コントラバス 神月《こうづき》絢野《あやの》**
**「趣味は鉄道一人旅。特に意味のない途中下車を愛し、秘境駅、到着困難駅があると聞けばどうしても降りたい」**

伝わってくるのはひたすら鉄道への愛。神月さんは「秘境駅マニア・弾き鉄」と名乗っています。鉄道にはいろんな楽しみ方がありますが、「弾き鉄」というジャンルがあることを初めて知りました。鉄道の中で楽器を弾くことが好きだということでしょうか。

この弾き鉄の神月さんは、北条鉄道の播磨横田駅の「ステーションマスター」に任命されています。ステーションマスターとは、つまるところボランティア駅長なのですが、駅長よりもなんだかカッコいい響きがします。２０１８年9月に着任した神月さんは、列車貸し切りコンサートの他に、月2回、播磨横田駅舎でクラシック入門講座を開いています。

現在、ステーションマスターは関西を中心に30代から70代までの11人。それぞれが個性豊かな活動に取り組んでいます。ステーションマスターになるための条件は、月２回駅に出勤するということだけ。駅の掃除や補修、維持管理などが義務づけられているわけではなく、切符販売のノルマもありません。任期は2年で、2年ごとに北条鉄道が募集を行い、手を挙げてくれた人の中から任命しています。

播磨横田駅のお隣、大正時代の駅舎が残り、国の登録有形文化財に指定されている長駅《おさ》も、普段は無人駅ですが、週末になると一気ににぎわいます。

まずは土曜日。ステーションマスターの浦浜晃彦さんがほぼ毎週のように姫路市から駆けつけ、自分で用意した制服姿でホームに立って列車のお見送りをしています。そんな浦浜さんに会いたいと、遠方から鉄道ファンが集まり、10人以上のコミュニティが生まれています。そして浦浜さんと一緒にホームに出て列車をお見送り。自称「副駅長」が増殖中なのだそうです。

さらに駅舎の入口には「駅ナカ婚活相談所」という手描きの木の札がかかっています。毎週日曜日になると、沿線の小野市で活動するＮＰＯ法人「婚サポ」の理事長・田中貴之さんが婚活相談所をオープンしているのです。

駅舎の窓にはもう一つ「かんかんバー」という張り紙もありました。同じく田中さんがきまぐれで週末の夜に開いているバーで、開店日には赤提灯がともり、レトロな駅舎で缶詰とお酒

ある土曜日の長駅の様子。この日は神戸からやって来たという浦浜さんの知り合いのミュージシャンが演奏会を開いていた。列車には乗らないが、人でにぎわう。そんな駅の使い方があったっていい。

こちらは播磨下里駅のステーションマスターの１人、永長明大さんによるお絵描き教室。

を楽しむことができる趣向です。

駅長と言えば普通は1駅に1人です。しかし、北条鉄道では条件を満たす人なら誰でもなれる。だから、長駅では浦浜さんと田中さんの2人がステーションマスター。独り占めするのではなく、シェアする感じも新しい。まさに、「みんなでつくるみんなの駅」なのです。

さらにその隣、播磨下里《しもさと》駅のステーションマスター・畦田《うねだ》清佑さんは、なんと東大阪市にあるお寺のお坊さんです。月2回、通ってきては「下里庵」を開き、講話や読経、さらには御朱印の授与も行っています。畦田さんはこの制度が始まった時からステーションマスターを続けており、もう12年になります。ボランティアなのでもちろん無報酬。いえ、交通費を自己負担しているので、むしろマイナスです。なぜそこまでするのか? 幼い頃から鉄道が大好きで、駅舎内でお寺を開くことが夢だったのだそうです。

国内に無数にある無人駅を活用して、何かできないかと考えていたところ、友人がこの制度を教えてくれたそう。最初の頃は駅舎もボロボロでしたが、知人と一緒に少しずつ手入れをし、机を並べて数人が座れるスペースをつくりました。地域の人も作業を手伝ってくれ、顔を出してくれるようになりました。

播磨下里駅には畦田さんの他にも2人のステーションマスターがいて、お絵かき教室が定期的に開かれています。駅舎内にはいろいろな飾り付けや植物などが置かれています。駅に関わっている人が思い思いに置いていくのでしょう。それだけたくさんの人に愛されているのです。

まだまだ続きます。法華口《ほっけぐち》駅は、この駅から毎日学校に通っていた社会福祉法人のオーナーが、自己資金で昔の雰囲気を残しながらリノベーション。２０１２年にベーカリー［駅舎パン

カフェとベーカリーがある法華口駅。あくまで「駅」です。

工房Mon Favori」（Ｐ１４２）をオープンし、店長さんがステーションマスターを務めていました。地元産の米粉を使ったオリジナルの米粉パン、北条鉄道にちなんだ「枕木パン」を発売し、わざわざ遠方から足を運ぶ人がいるほどの人気。カフェとしても利用できるほか、定期的に絵手紙教室も開かれています。

そして、続く網引《あびき》駅で開かれているのは切り絵教室。駅舎内には本棚があり「まちなか図書館」にもなっています。誰でも本を持ってきたり借りたりできる仕組みで、先進的な活動を行っている図書館に対して毎年贈られるライブラリーオブザイヤーの優秀賞（２０１３年）にも選ばれています。

クラシック講座、鉄道ファンコミュニティ、婚活相談所、バー、お寺、お絵かき教室、パン屋、カフェ、絵手紙教室、切り絵教室、図書館……。駅がこんなにたくさんの場となり、機能を果たしているのです。人が行き交う駅の持つ可能性を存分に活かしています。

ステーションマスターの活動は、市民の鉄道という新しい存在意義を見出したとして、２００６年の新日本様式１００選に選ばれました。古くなったものを単に改修したり取り壊したりするのではなく、人々の愛着をうまく組み合わせて「関わりしろ」をつくることで、新しい存在感を取り戻す。多くの人々が関わる中で、存在感がまったく変わるような仕組みとして評価されたのです。

播磨横田駅のギャラリー。田園風景の中にモダンな駅舎が現れるギャップも楽しい。

## 一人ひとりがつくる駅

北条鉄道の見どころはステーションマスターの活動にとどまりません。長・播磨下里・法華口の各駅舎とホームが国の登録有形文化財に指定されているなど、駅舎そのものに文化財としての価値もありますが、さらに住民の手で新しい魅力が加わっているのです。

播磨横田駅はコンクリート打ちっぱなしのモダンな建物。神戸市在住の川瀬倭子《しずこ》さんから「自分の描いた絵画を展示してもらえるなら」と、建設費として1500万円の寄付を受け、冷暖房付きの待合室兼ギャラリーとして時間が過ごせるスペースが生まれました。

法華口駅の駅前の広場には、市内の大工さんが駅から最も近い西国三十三所第二十六番の法華山一乗寺の国宝三重塔をイメージしたという自作の三重塔の模型を寄贈してくれました。総檜造りで高さ7mもある立派なものです。これだけでも相当な値段で、さらに設置作業にも数百万円がかかるはずでしたが、地元の住民らがボランティアで担ってくれました。今では夜になるとライトアップされ、北条鉄道のシンボルとして輝いています。

法華口駅には昔から大きな桜の木がホームにあり、春の花見シーズンには花見客や写真撮影の人が訪れていましたが、さらに大きなしだれ桜が5本も寄付されました。

また、田原《たはら》駅は待合所の上に加西市名産のブドウ栽培をイメージした棚風のデザインになっています。埼玉県ものつくり大学の学生が、ボランティアで加西市の間伐材や枕木を使ってつくりました。

極めつきは播磨下里駅です。雑草の生い茂ったホームが、石庭となって甦ったのです。こちらの救世主は地元の名士・吉田清一さん。北条鉄道の副社長・佐伯武彦さんが会合で頭を下げる姿を見て、石庭の整備にも協力したいと支援を買って出たといいます。「佐伯さんの家には、叔父・父の時代から大変お世話になった恩義があります。佐伯さんが困った時は全力を挙げて力になれと、ことあるごとに父親から聞いていましたから」

自宅の庭を飾ろうと用意していた40トンの自然石を運び込み、虹をイメージした左右7列の丸瓦を配列。駅から出かけた人が無事に帰りつく願いを込めた「カエルの置き石」など、自ら考えたデザインを仲間とともに1ヶ月で完成させました。さらに、鹿児島県から取り寄せた桜の巨木や、俳人種田《たねだ》山頭火《さんとうか》の歌碑、花壇なども加えていきました。

石庭の左端にひっそりと立っている「平成24年7月吉日　播磨下里駅整備記念　佐伯武彦」と刻まれた石碑。「無報

法華口駅前の三重塔。古い駅舎とマッチしていて、ずっとここに建っているかのよう。

駅のホームに石庭がある面白さだけでなく、美しく手入れされている点にも注目。みんなから愛されているのだ。

酬で必死になって働いている佐伯さんに感銘を受けました。少しでも恩返ししたい」と、密かに準備していたものでした。ちょうど佐伯さんが会合で「掛けた恩義は水に流し、受けた恩義は石に刻め」と心がけてきたと話していたことも踏まえた仕掛けです。

完成した石碑を見て佐伯さんは驚き、感激しながらも、「自分だけではなくみなさんや吉田さんの名前も刻んでほしい」と、自分の名前の隣に「吉田清一」の名を加えました。

駅が少しずつ変わり、メディアで報道されるようになると「北条鉄道がおもしろいことをやっている」と口コミで広がり、次からは「うちもやろう！」「こっちはもっといいものにしようか」と、各駅の地元から声が上がるように。こうして寄付が寄付を呼ぶ好循環で、新たな名所が生まれていったのです。

各駅のトイレ附近に掲げられている銅板こそ、北条鉄道を現在の姿に導いた第一歩。

## 始まりはトイレから

北条鉄道では、どの駅もトイレが新しいことに気づきます。ウォシュレット、暖房便座、スロープ付きの最新式のトイレ。そして、その横には必ず大きな銅板があります。

「トイレ・自転車置き場新設は、下記の皆様方の御好意によって出来たものです。感謝を込めて大切に御使用下さい」

北条鉄道各駅のトイレは、すべて住民の寄付とボランティアによってできました。銅板には協力してくれた工事関係者と寄付者の全員の名前を刻み、感謝の気持ちを形に表しています。実はこれが、「みんなの鉄道」になるための第一歩でした。

北条鉄道は大正4年（1915）、播州鉄道が加古川水系の舟運の代替を目的に、粟生駅〜北条町駅を開業したことがはじまりです。大正12年（1923）、播但鉄道に譲渡された後、昭和18年（1943）に国有化されて国鉄北条線となりました。以前は北条町駅近くに大手家電メーカーの工場があり、多くの通勤客でにぎわいましたが、工場が閉鎖されると、時代の流れとともに乗客はどんどん減少。国鉄から事業を継承する形で営業を始めた昭和60年度（1985）は、営業収益8117万円、36万8000人を運んでいましたが、2001年度には、5939万円／28万9000人まで落ち込みました。

経営立て直しのための公募副社長が不信任を突きつけられて退任するといった波乱を経て、2011年、加西市で生まれ育った川崎重工業の元役員・佐伯武彦さんが副社長として呼び寄せられました。当時すでに74歳。「子どもの頃や通勤で使った北条鉄道の活性化にお役に立てるなら協力したい」と再建要請を引き受けたのです。

その佐伯さんが現場で最初に調べたのがトイレでした。「トイレの汚い会社は発展しない」が持論だったのです。当時は床の穴から下が見える汲み取り式か、そもそも設置していないという駅が大半でした。

赤字続きの自社には資金などなく、行政の補助金も当てにできません。そこで頼りにしたのが沿線住民の寄付金。住民にプロジェクトの一員になってもらうことで、鉄道そのものや存続問題が身近な「自分ごと」になり、将来の乗客増につながるのではないかという深い狙いもありました。

しかし、地域からお荷物として見られていた当時、社内外から猛烈な逆風と反発がありました。それでも、かつての知人友人のつてをたどり、小学校区単位の細かいエリアを訪ね歩き、一度二度断られても、三度四度とひたすら「お願いします」と頭を下げ続けました。

「これまでは会社勤めが忙しく、地元には何の役にも立てなかった。74歳のこの歳になって無報酬で副社長として経営改善と増収に毎日努力している。駅を利用される方に気持ちよく使っていただくため、大正時代のトイレを最新式のトイレに改修したい」

大手企業の幹部まで務めた佐伯さんの懸命な姿が、少しずつ地域で評判になっていきました。「副社長さんが無償で頑張っているんだから協力しようか」。そんな空気が広がっていったのです。

半年がかりで第1号のトイレが法華口駅に完成。先ほどの大きな銅板もお目見えしました。

田んぼの中を横切って走る北条鉄道は絵になる。失われつつある風景をカメラに収めようとする写真愛好家も多い。

これが大当たりでした。最初は「そんなものはいらない」と言われましたが、実際に設置してみると、寄付者や作業した職人が自分の名前を見に、家族や友人を連れてやって来るようになったのです。中には駅に来るのが何十年ぶりという人も少なくありません。そのうちに「1回乗ってみようか」と列車に乗る流れが生まれました。

寄付やボランティアなど自分たちがかいた汗が、きっかけとなり、愛着を生む。住民に自分ごととして鉄道を支える意識が芽生える。予想以上の効果でした。最終的には住民から集まった寄付金は3000万円を超え、3年をかけて全駅に新しいトイレが完成しました。始める前には「盗難に遭う」などと言われたトイレの便器はもちろん、トイレットペーパーもなくならず、いたずらや落書きも一つもありません。そして何より、北条鉄道を「つぶしてもうたらいいのに」と口にする人はいなくなりました。

写真ギャラリーを案内してくれた高井均さん。みんなに愛される北条鉄道の立役者の１人。

## 「関わりしろ」を増やしたい

２０１８年の冬、北条鉄道には初めてのイルミネーション列車が登場しました。と言っても、他のローカル鉄道で見られるような観光列車ではありません。車両にイルミネーションが飾られているわけでもありません。それは各駅に飾られたルミネーションを見学して回る列車なのです。

北条鉄道の沿線各駅では、トイレへの「寄付競争」が終わって一段落と思いきや、続いて住民たちがこぞって沿線風景を彩る「イルミネーション合戦」が幕を開けていたのです。２０１３年から起点と終点をのぞく中間６駅で、それぞれの地元の住民や企業手づくりのイルミネーションが行われています。赤や緑、紫といった色とりどりの発光ダイオード（ＬＥＤ）で彩られた高さ約７ｍのクリスマスツリーやサンタクロース、トナカイなどが登場したほか、駅名標やフェンスなども飾り付けられ、年を追うごとににぎやかになっています。

イルミネーション列車は駅が近づくと車内照明を落とし、外がよく見えるようにします。予約不要で、どの駅からも乗り降りできるとあって、自分たちのイルミネーションを見ようと乗り込んだ人も少なくありませんでした。闇の中に浮かぶ光の競演に、車内では歓声が上がります。

「うちの社員だけではとてもできません。本当にみなさんのおかげですよ。感謝です」と、北条鉄道総務企画部長の高井均さん。北条町駅直結の商業施設３階のギャラリーでは、イルミ

夏の恒例行事「かぶと虫列車」。子どもにはかぶと虫をつがいでプレゼント。車内ではクイズやビンゴで盛り上がる。

ネーションの写真展も行っています。各駅を飾ってくれている住民への感謝の気持ちを表したいと企画したもの。高井さんが自らカメラと三脚を使って撮影して歩いたという力作の写真とともに、住民への感謝の言葉が綴られていました。

「ローカル鉄道は常に信頼関係を持って地域に根づいていく必要があります。お願いもしますが、お返しもしないといけません」と話す高井さん。その言葉通り、北条鉄道も努力を惜しんでいません。「おでん列車」や「かぶと虫列車」「サンタ列車」「ビール列車」など、乗って楽しくなるイベント列車を企画。貸し切り列車での結婚式も行われたことがあります。朝採れ野菜の販売も北条町駅で始めました。もはや、なんでもあり。できないことはないというほど、鉄道という枠を解放し、可能性をどんどん広げています。

行政も支えています。北条町駅には「応援は年1回の乗車から」という看板が掲げられています。長い間、「乗って残そう北条鉄道」とアピールしてきましたが、もっと具体的に設定しないと響かないと考えたのです。単なる努力目標ではなく、加西市民の65％にあたる3万人が、年に1往復を今より余分に乗車すれば、年間の赤字額1800万円が解消するという、きちんとしたデータに基づいたものです。

そのために3ヶ月に一度、加西市の広報に乗車無料券を掲載し、その券を使って乗車した人には、地元の丸中製菓のドーナツと引き替えるという仕掛けを用意しました。北条鉄道だけでなく地元企業も潤う。単なる赤字を埋めるための補助右／車内でもドーナツやワッフルを販売。左／北条町駅には枕木応援団の名前が壁一面に。

よりよほど地域へのプラス効果があるでしょう。

丸中製菓とのご縁が深まり、今では北条鉄道の車内や北条駅でこのドーナツを販売しています。形が不揃いで販売できない商品などを安値で北条鉄道が買い取り、それを１個30円で販売する仕組みです。ワンマン列車で運転士は運転に専念する必要があるため、貯金箱にお金を入れてもらうようにしました。これまでトラブルは起こっていません。なにより年間の売り上げが１００万円にもなり、立派な収益源になっているそうです。

１口４５００円で線路の枕木のオーナーになってもらう「枕木応援団」制度や「ふるさと納税個人版」など、沿線住民ではない遠く離れた人向けにもさまざまな応援方法や「関わりしろ」を示し、北条鉄道に関わる人を増やし続けています。

最近、定住人口でも交流人口でもない第三の人口として、離れた場所から地域に多様なかたちで関わる関係人口という考え方が注目されています。北条鉄道は、ステーションマスターをはじめとして、まさにこの関係人口を生み出し、その効果を上手く活用しています。ローカル鉄道を盛り上げたいと行動するこうした心強い関係人口は、新しいジャンルとして「盛り鉄」と名付けてもいいのかもしれません。

## 無人交差設備への挑戦

努力が実を結び、北条鉄道の乗客数は２００９年の30万６０００人を底に4年連続で増え、２０１４年は35万８０００人と歴代2番目の乗客数を記録しました。２０１７年度は

32万8176人。少子化などで通学客が目に見えて減っていることがどうしても影響していますが、大きな流れでみれば、ほぼピークの水準に戻り、それを維持しています。

これは「みんなの鉄道」を実現したからこそ達成できたものでしょう。そして、北条鉄道の次なる挑戦が、無人駅に列車交差設備を付けるという画期的なプロジェクトなのです。北条町駅と粟生駅のちょうど真ん中にある法華口駅にはもともと交差設備がありましたが、国鉄時代に撤去され、今は列車のすれ違いができる駅はありません。そこに列車交差設備を付け、無人駅での列車の交差を可能にするという日本初のプロジェクトです。

列車がすれ違えないことから、これまでは片道22分での往復を繰り返すしかありませんでした。ダイヤは約1時間に1往復、1日あたりにすると17往復。もともと持っている気動車3両を、日中は1両の単行運転、乗客数が増える朝のラッシュ時間帯は2両連結で対応してきました。なんとかして、もっとたくさんの人を運びたい。そこで法華口駅に列車交差設備の話が浮上したのです。実現すれば、列車の運行間隔を半分に短縮することができます。

全国のローカル鉄道も交差駅設置による利便性アップを目指してきましたが、これまでは交差設備の設置は有人が原則。費用負担も大きすぎて、実現のハードルは高かったのです。北条鉄道は佐伯さんの勤めていた川崎重工業とタッグを組み、安全技術を開発。国交省の正式な許可に向け、最後の詰めを行っている段階です。許可を受けることができれば、2019年度に着工・完成する予定。朝のラッシュ時の3本を30分間隔で運行できれば、30分に1本走っているJR加古川線と接続でき、格段に便利に。通勤利用客のアップが見込めます。

国鉄時代は赤字路線として廃止されかけ、第三セクター鉄道になってもお荷物扱いだった北条鉄道が、やっと公共交通機関としての価値を認められ、投資されるまでになったのです。しかし、気になるそのお値段は1億5000万円。国・地元自治体・北条鉄道が3分の1ずつを負担します。北条鉄道の負担額は5000万円。3分の1とはいえ、ローカル鉄道には重すぎます。

ここでまた佐伯さんの登場です。交差設備設置は北条鉄道だけでなく、全国のローカル鉄道にとっての悲願です。今度は住民ではなく、市外の企業から集める「企業版ふるさと納税」を構想しています。前回の住民寄付3000万円を超える5000万円も集まるのか、投資に見合った効果はあるのか、異論反論は根強くあります。しかし、佐伯さんは地元の経済界の集まりで「絶対やる。わしがやる」と宣言しました。

「ごっつい啖呵を切ってしまって、もう82歳ですよ」。同席していた高井さんはそれを聞いて驚きながらも、「でも、ほんと達者ですよ。65歳くらいの頭と体力やなあ。まあ集まらなかったら、最後は自分で出すんでしょう」と笑います。その不敵な笑顔の裏には、これまでやってきたことへの自負も見えました。

「当たり前のことを当たり前にやってきただけですが、やれば変わるもんですね、みなさんのおかげですよ、感謝です」と2人は感慨深げに笑います。今、地域で掛けられる声は「なくせ」ではなく「よう頑張ってるな」に変わりました。

鉄分補給

**【北条鉄道編】**

# 旧国鉄北条線の列車脱線転覆事故

網引駅前にある事故の説明書きが静かに歴史を伝える。

第二次世界大戦末期の昭和20年(1945)、3月31日夕方、川西航空機鶉（うずらの）野工場で完成した日本海軍の局地戦闘機「紫電改」が試験飛行中、エンジンが停止するというトラブルで線路を引っかける形で墜落。線路は1mほど移動して傾きました。そこにちょうど国鉄北条線北条駅を発車した列車が差し掛かり、満員の乗客を乗せた列車は脱線。蒸気機関車、客車ともに転覆し、紫電改の搭乗員と、乗客のうち11人が死亡し104人が負傷という大きな事故になりました。航空事故が鉄道事故を誘発した珍しい事例と言われています。

現在の網引駅前の広場には、一連の経緯を詳しく解説する説明板「列車転覆事故殉難の地」が建てられています。また、列車を牽引していたC12形蒸気機関車189号の動輪は京都鉄道博物館（京都）で展示されています。

鶉野飛行場跡は昭和18年(1943)、旧日本海軍がパイロット養成のため建設しました。戦後、加西市が戦争遺産として管理しています。防空壕などの内部の見学は、事前に申し込めばボランティアガイド付きのツアーとして楽しめます（※2人以上、2週間前までに予約が必要）。

おすすめコース
6

## 【北条鉄道】

やってみよう！

# 新旧・個性派揃いの駅をめぐる

START

北条町

播磨横田

待合室に併設されたギャラリーで、絵画を鑑賞しよう。→P130

北条鉄道では、長・播磨下里・法華口と3駅もの駅舎が登録有形文化財に指定されている。いずれも大正4年（1915）に建てられたもので、周囲を田んぼに囲まれた日本の原風景的な様子がいい感じ。一方で、播磨横田駅や田原駅は新しく建て替えられており、新旧が混ざり合うのも魅力の一つ。ステーションマスターの出勤日をチェックして、全駅下車を目指そう。

長

ステーションマスターたちと一緒に楽しくすごそう。→P126

播磨下里

なぜかホームに立派な石庭がある、不思議な光景を楽しもう。→P131

法華口

駅舎内のベーカリーでパンを買い（下欄参照）、地元の大工さんオリジナルの三重塔の前で記念写真を撮ろう。→P130

田原

地元・加西市名産のブドウ栽培をイメージしたパーゴラを眺めよう。

粟生

GOAL

## ナイスなお土産

### 米粉たこピザ

法華口駅の駅舎内にあるベーカリー［駅舎パン工房 Mon Favori（モン・ファボリ）］。約15種類のパンが並び、地元の米粉でつくったピザ生地にたこ焼きがのった米粉たこピザ（170円）は、意外な組み合わせが美味しい一番の人気商品。

●加西市東笠原町240-5　☎0790-20-7368　10:00AM～4:00PM
月・金曜休（祝日の場合翌平日休）

三田
SANDA
準急
SEMI EXP
1373

兵庫

# 神戸電鉄

街から山へ、登って下りて。

神戸市～
三田市・三木市・小野市

有馬線山の街駅付近。急勾配を駆け下りてきた準急三田行き。神戸電鉄はとにかくアップダウンが多い。その景色の移り変わりを味わうのもまた乗車の楽しみの一つ。

阪急・阪神・山陽・神鉄、どこへでも繋がれる感じがする新開地駅の改札。

## 登って、下って、50パーミル

神戸＝お洒落な港町というイメージから、神戸の市街地を走っていると思う人も多いのでは？　いえいえ、れっきとしたローカル鉄道なのです。しかも、港どころか急勾配を登り下りする山岳鉄道の顔も。繁華街、山間部、住宅団地、温泉、万華鏡のようにくるくると変わる沿線風景の中を駆け抜けていきます。昭和という時代の移り変わりの中で、平成の初め頃を境に、２５００万人もの乗客の大増減も経験。そして今、「地域」という原点に回帰しようとしています。

神戸電鉄は大正15年（１９２６）設立の神戸有馬電気鉄道が起源です。現在は「神鉄《しんてつ》」と呼ばれ、有馬温泉へとつながる有馬線、神戸市と兵庫県三田市を結ぶ三田線、有馬線とＪＲ加古川線粟生駅を結ぶ粟生線、三田市内に新設された公園都市線の４路線を持ち、神戸への通勤・通学客を中心に年間５８２９万人を運ぶローカル鉄道の中でもずば抜けた輸送力を誇っています。

そんな神鉄の醍醐味は出発してすぐに味わうことができます。平日の夕方、新開地駅へ向かいました。新開地駅は第三セクターの神戸高速鉄道が保有していますが、神鉄と阪急・阪神・山陽の４社が相互に乗り入れているかなり複雑な仕組み。神鉄にとってはここがターミナル的な位置付けです。

「阪急電車　阪神電車　山陽電車　神戸電鉄のりば」という案内になっているのかよくわからない

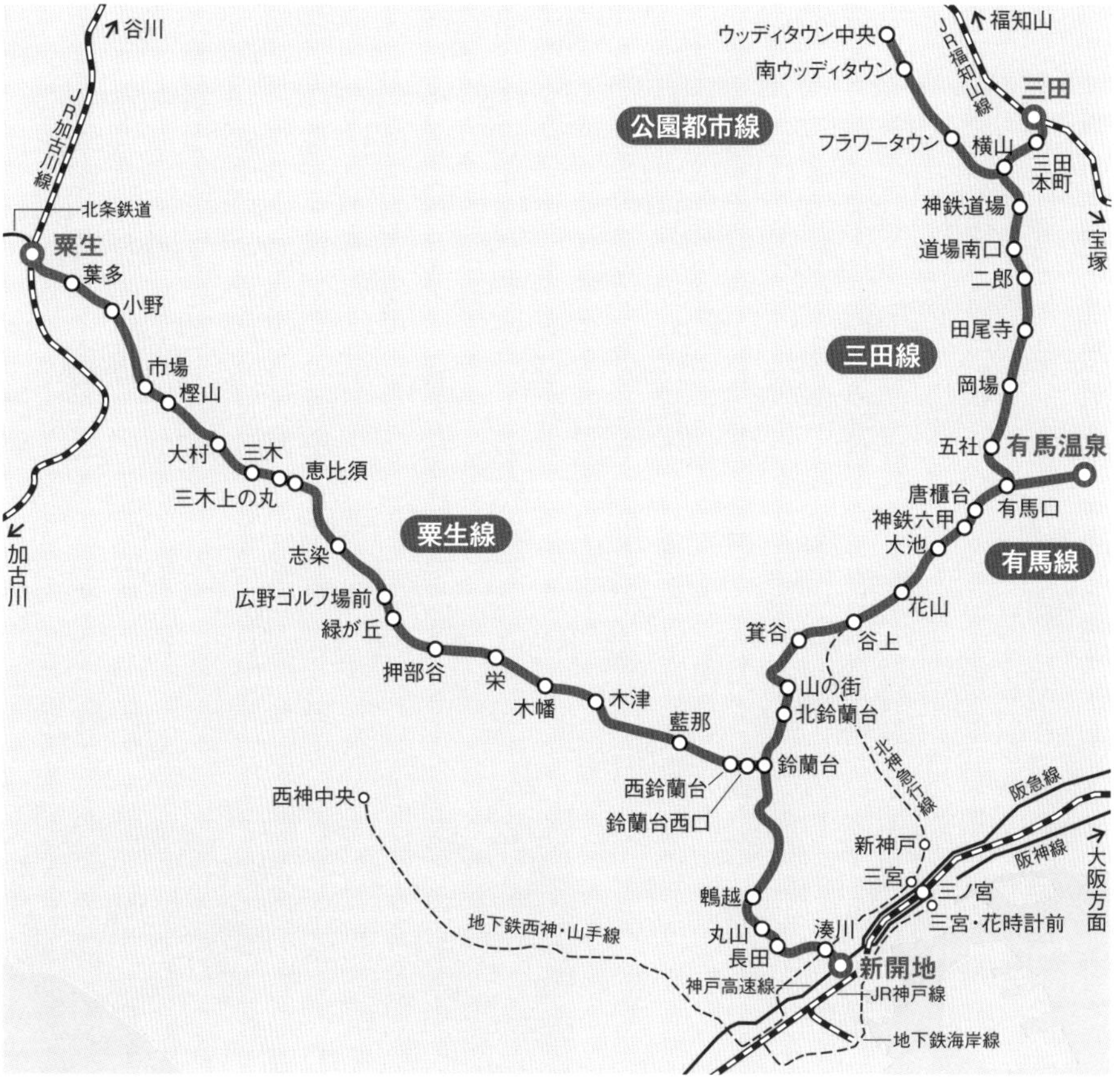


会社名：神戸電鉄株式会社　設立：大正 15 年（1926）　本社：神戸市兵庫区　営業キロ：69・6km
路線：有馬線（湊川～有馬温泉）／三田線（有馬口～三田）／粟生線（鈴蘭台～粟生）
公園都市線（横山～ウッディタウン中央）／神戸高速線（湊川～新開地）
駅数：47 駅　2018 年度乗客数：5,828 万 9000 人（対前年比 99%）

改札上の表示が、この駅の複雑さを物語っています。神鉄の乗り場へ進むと、地下要塞の中に突然現れた特殊基地のように、薄暗い中に2面のホームと3線の線路が並んでいました。

その手前にある「高速そば」でコロッケそばをかき込み、準急三田行きに乗り込みます。アルミ地肌に赤を基調とした塗装で「ウルトラマン電車」と呼ばれている３０００系。続々と家路を急ぐサラリーマンの波が押し寄せてきました。通勤の足として活躍する神鉄ならではの光景です。

発車すると、地下のまますぐに湊川駅に到着。ここが神鉄にとっては本来の起点です。湊川を過ぎて地上に出ると、一気に50パーミルの急勾配を登り始めます。「パーミル」とは、水平に１０００m進む間にどのくらい登るかを示す勾配の単位。50パーミルはすなわち１km進む間に50mも登っているということ。高野山へ向かう南海電車に匹敵する、かなりの坂道です。平地が少なく、いきなり山になる神戸の地形が影響しているのでしょう。

長田駅と丸山駅を過ぎると、神戸の夜景が広がります。その後は真っ暗な山の中を走り、いくつかトンネルをくぐると、パッと視界が開けて鈴蘭台駅に到着しました。このわずか10分強で標高にして３００m近くを駆け上ったことになります。

神鉄の新開地駅ホーム。コンパクトながらもターミナルの風格はしっかりある。

長田駅付近を走る普通電車。家路へと就く通勤客を乗せて、これからさらなる山登りに挑む。

「ウルトラマン電車」の愛称で知られる神戸電鉄3000系。鵯越駅にて。

鈴蘭台駅と次の北鈴蘭台でたくさんの人が下車すると、車内の雰囲気は都市型の通勤・通学路線からローカル鉄道へと変わっていきます。のんびりとスマホをいじる高校牛の姿が目立つようになりました。終点の三田に到着した時、最初の新開地から乗っていたのは私くらいしかいなかったでしょう。

こんな風に鉄道が勾配に挑む姿にグッとくる人は多いそうです。しかも、坂は登りより下りの方がハイライト。翌日、再び鈴蘭台から新開地へ向かう普通電車に乗ってみました。鈴蘭台駅を発車すると、運転士は電気制動を作動させ、速度を落としながらゆっくり進んでいきます。音鉄をはじめとした一部の鉄道ファンによると、電気制動を多用する神鉄の下り坂では、加速時とは違う独特のモーター音がたまらないそうです。

ゆっくりと、しかし着実に山を下ってきた電車は鵯越《ひよどりごえ》駅を過ぎると、一瞬、レールの向こう側が見えなくなります。ちょっと大げさに言えば、遊園地にあるジェットコースターが落ちる前のような光景。思わず息を呑みます。両側には斜面に家々が並ぶ景色が広がってきました。丸山駅を過ぎ、無事に長田駅に到着すると、思わずホッとため息が漏れます。

神戸の夜景が望める夜と急勾配の醍醐味が味わえる昼間。いずれにせよ、街と山、あるいは都市間電車と山岳電車というアンビバレントな神鉄の魅力を堪能することができるはずです。

昭和３年（1928）頃、開業間もない頃の鈴蘭台駅。当時は「小部（おうぶ）駅」という名称だった。

## ニュータウン開発と共に歩む

神鉄有馬線は鈴蘭台駅から半地下駅の北鈴蘭台（標高３４６ｍ）を過ぎると、複雑な曲線とアップダウンを繰り返しながら、時に時速70kmという電車としてはスローなスピードで進んでいきます。有馬温泉の手前、有馬口まで来ると、三田方面へ向かう三田線と二手に分かれます。

三田の少し手前、神鉄道場駅近くに大きな石碑が建っています。山脇延吉翁の頌徳碑。神鉄の前身となる神戸有馬電気鉄道の創業者で、兵庫県議会議長を務めた名士・山脇延吉《やまわきえんきち》（１８７５～１９４１）を讃える石碑です。明治8年生まれの山脇は、険しい六甲山系に囲まれ、周囲から隔絶されていた当時の有馬郡から神戸の都市部へつながる鉄道をつくろうと立ち上がりました。昭和3年（１９２８）に開通すると、神戸有馬電気鉄道は採算性度外視で農産物を運ぶための特別列車を運行し、有馬温泉と一緒に旅客誘致に取り組んだとされています。

開通以前は有馬郡から神戸に行くには、旧国鉄に乗って宝塚、西宮をぐるりと回るルートしかなく、2時間半近くもかかっていました。山を切り拓き、山越えのルートをつくれば時間を大幅に短縮できる。神戸電鉄はまさに六甲山の中を走る山岳鉄道として誕生したのです。

鉄道の敷設と共に住宅地の開発も進みました。それが鈴蘭台です。スズランが咲いていたからというわけではなく、開発初期の昭和7年（１９３２）、「関西の軽井沢」のイメージに合う

吉田初三郎「神戸有馬電鉄沿線名所図」より（1928年／京都府立京都学・歴彩館 京の記憶アーカイブ）。赤い線が後の神戸電鉄となる神戸有馬電気鉄道。画面奥の神戸中心部から山を切り拓いてレールを敷いた様子が、赤い線で強調されている。小部駅（現鈴蘭台駅）の周りはまだ田園地帯。この後、一気に住宅開発が進む。

名前としてとして公募によって選ばれたそうです。

一方、鈴蘭台から粟生まで延び、ＪＲ加古川線と接続している粟生線は、当初は途中の三木駅までの計画でした。ところが、隣の小野市の住民からさらに延伸して粟生までつないでほしいと申し出があり、土地や資金を提供して昭和27年（1952）に全線開通しました。

結果として六甲山系を突き抜けることになった神鉄では、勾配区間は全路線69・6kmの約84％、しかも許可基準の厳しい35パーミル以上の勾配が全体の約31％を占めています。さらに前述の50パーミル区間は約20％に上ります。

こうした歴史をふり返りながら、神戸電鉄経営企画部長の松本修治さんは、「もともとは地域振興のために生まれた鉄道なんです」と話します。

南ウッディタウン駅の
建設工事の様子。

山深い地域の交通手段という神鉄の状況が変わってきたのは戦後。日本が経済発展していく中で、神戸の市街地だけでは吸収できない人口の受け皿として、六甲山を開発して住宅団地とする計画が持ち上がります。昭和30年代、神戸市は大規模な団地開発を行い、人口は爆発的に増えました。

神鉄沿線には現在、鈴蘭台駅のほか鈴蘭台西口駅、西鈴蘭台駅、北鈴蘭台と、名前に「鈴蘭台」が付く駅が４つもあります。スズランが大好きという話ではなく、団地の規模と存在感の大きさからこうなっているのです。鈴蘭台には小学校だけでも7校あり、鈴蘭台を含む神戸市北区の人口は21万人に上ります。鈴蘭台の他にも、有馬線の駅名にある山の街地区や唐櫃台《からとだい》といった住宅街が次々と生まれ、山間の地は一地方都市のようなレベルになったのです。

「こうした開発がなければ、２両編成の電車がのんびり走る郊外鉄道のままだったと思います」と松本さん。しかし、爆発的な人口増加にインフラが見合わなくなり、乗車率は最大２００％を超え、山岳部を走るローカル鉄道を都市鉄道につくり替える必要に迫られます。単線を複線にするため再び山を切り拓き、谷に橋を架け、トンネルを掘る。さらに枕木をコンクリート製に替えるといった軌道強化にも取り組み、投資額は莫大なものとなりました。

それでも社会的な要請に加え、さらなる住宅開発計画もあり、将来的な見込みはあるという算段でした。三田市にも昭和57年（１９８２）にフラワータウン、昭和62年（１９８７）にウッディタウンというニュータウンが完成。平成３年（１９９１）から平成８年（１９９６）にかけて、その名前を駅名に持つ公園都市線が開通しました。こうして昭和の中頃から平成の初めの約20年の間に乗客は実に２５００万人も増えたのです

## 戦後の社会変化の波にのまれて

ところが、時代が平成に入ると沿線の急激なオールドタウン化が神鉄を直撃します。１９６０～70年代のニュータウンには、子育て期にあった団塊の世代が多く移り住み、親は通勤、子どもは通学と、家族で神鉄に乗ってくれました。

しかし、子どもたちが独立して地域を離れると通学による利用は減少。さらに親世代も退職すると通勤をしなくなってしまいました。阪神高速北神戸線などの道路整備が進み、マイカーやバスで通勤する人が増えたことも重なり、平成４年（１９９２）をピークに乗客数は減少に転じ、やがて沿線人口の減少も始まりました。

平成４年を境とした前後20年間の有馬線・三田線・粟生線の増減を見ると、なんと２５００万人。まるでジェットコースターのような、他の地方鉄道では類を見ない極めて特異な事態です。高度成長に始まり、モータリゼーションや少子化、若者の人口流出、高齢化など、戦後から平成にかけての日本の社会構造の変化の波にのみ込まれてしまったのです。

粟生線終点の粟生駅はJRとの共用。スタンプラリーを開催するなど、沿線住民とともに粟生線の存続に取り組んでいる。

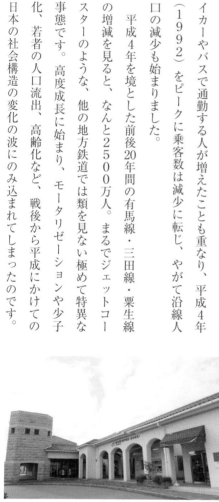

乗客増に対応するため投資した借金の返済が重くのしかかり、経営は見る見るうちに悪化。複線化や新車庫建設の計画は中断してしまいました。もともと急勾配に対するさまざまな対策が必要な上に、電力消費も大きいことから、運行コストがどうしても高くなるという地理的な事情もあります。粟生線では一時、年間の赤字が10億円を超えるまでになりました。

こうした中、このままでは粟生線の運行を続けることは難しいとして、沿線自治体に対して三木市と小野市域の区間に上下分離方式の導入を提案しています。２００８年、沿線住民に乗車のお願いのチラシやおでかけガイドなどの冊子を約4万部配布したこともありました。

自治体側は現在のところ、粟生線活性化協議会をつくり、国へも支援を求めながら老朽化した施設の維持・更新費用を補助しています。実は神鉄は日本でもっとも補助金を受けている鉄道会社でもあるのです。

「上下分離により、地域も一緒になって共同経営をしましょう。そして、鉄道が使いやすくなるよう街づくりから見直していきましょうと呼びかけています」と松本さん。２０１８年にリニューアルした鈴蘭台駅では、駅に隣接して神戸市北区役所が入るビルが新設されました。ビルにはスーパーやカフェバー、クリニックが入るなど、駅を中心に街が大きく様変わりしました。北鈴蘭台駅や西鈴蘭台駅についても神戸市と連携しながら話が進んでいます。また、粟生線でも三木駅の下り駅舎が全焼したことを機に（２０１８年）、地元と一体となって駅前ロータリーなど周辺整備を進めようという機運が生まれつつあります。

神鉄側にも大いに反省点があるといいます。開業後しばらくは近かったはずの地域との距離が、時代の流れとともに電車を運行するだけで手一杯となり、次第に遠くなってしまいま

粟生線活性化協議会のウェブサイトでは、ブログ駅長はじめさまざまなメンバーが発信を行っている。

した。「地域鉄道の原点はやはり沿線の地域です。地域と共同経営で、オールドタウン化しつつある街とセットで鉄道の再生に取り組んでいきたい」。松本さんは強調します。

それを後押しするであろう存在が、神鉄の熱烈なファンです。淡路島の電車小僧さんが運営しているコミュニティサイト「ようこそ『神鉄』へ」（旧神鉄大好き！）のほか、「29・2km―粟生線ファンサイト―」という粟生線の歴史や車両を紹介しているサイトや、神鉄車両とダイヤ情報をまとめたサイト、四季折々の神鉄車両の写真をまとめたサイトなども存在しています。

これが「限定開」。室温調節のため、列車の折り返しや対行列車との行き違いの際に行うそう。写真は粟生線志染駅。

さらに、粟生線活性化協議会のサイトでは、一般からの公募で選ばれたブログ駅長たちが沿線の話題をブログで熱心に発信しています。乗車ガイドとして運賃の支払い方法や、トイレの有無、各車両で1枚しかドアを開けない「限定開」という独自のシステムを解説。神鉄への深い愛と、乗りに来てほしいという情熱がほとばしっています。

こんなにファンサイトが開設され、愛されているローカル鉄道は見たことがありません。都市鉄道っぽいのに山岳路線というギャップや、繁華街、山、住宅団地、温泉などを抱える多様性が人を惹き付けるのでしょうか。これから地域、そしてファンとも力を合わせた取り組みが進むことを願います。

鉄分補給
**【神鉄編】**

# 急勾配と神戸市内中心部への乗り入れ

北神急行と接続している谷上（たにがみ）駅。駅名標には「新神戸」の文字も。神戸市による一体運行により、存在感が高まる可能性を秘めている。

起点の駅を出てから間もなく、一気に50パーミルの坂を駆け上ることで知られる神戸電鉄は、「全国登山鉄道‰（パーミル）会」の一員でもあります。パーミル会とは、2009年に山岳路線を持つ全国の鉄道会社によって結成されました。メンバーは他に箱根登山電車（神奈川県）、富士急行（山梨県）、大井川鐵道（静岡県）、叡山電車（京都市）、南海電鉄（大阪市）で、2019年にアルピコ交通（長野県）が加わりました。

このように全国有数の山岳鉄道でもある神戸電鉄は、急勾配に対するさまざまな対策によるコストが運賃に加わります。また、三宮・元町を中心とした神戸市内中心部に行くためには、湊川から新開地を経由する神戸高速線の初乗り料金が加算されることから、神鉄の運賃は近距離区間でも高くなってしまうという事情がありました。

そんな中、2019年10月、神戸市が北神急行電鉄の市営化を発表しました。北神急行は谷上駅（神鉄）と新神戸駅（神戸市営地下鉄）の間を結んでいて、急勾配を上り下りすることなく神戸市内中心部へと繋がることができます。2020年6月からは北神急行が神戸市営地下鉄と一体的に運行されることも予定されており、谷上〜三宮間の運賃は280円と現在のほぼ半額になる見込み。運賃が大幅に安くなることで、神鉄を含めた沿線の活性化が期待されています。

おすすめコース
⑦

# 【神戸電鉄】

やってみよう！

# 1泊2日で、昼と夜の登り下り

神鉄には他の鉄道会社でよく見かける特急という種別が存在しない。「特快速」が最速という位置付けで、その他に快速・急行・準急がある。ただ、いずれも前の電車を追い抜くことはなく、停車駅の数が異なる分、終点までの所要時間が変わるのみ。一瞬どれに乗ればいいか迷うかもしれないが、目的地に停車するのはどれかを確認し、安心して複雑なアップダウンを楽しもう。登りと下りで時間帯を分けると、景色が変わって楽しい。

START

新開地　夕方

4つの鉄道会社の名前が書かれたのりば案内にドキドキしよう。→P146
［高速そば］もお忘れなく（下欄参照）。

出発したら、神戸の夜景を見つつ、アップダウンを楽しもう。

有馬温泉

名湯・有馬温泉の旅館でのんびりしよう。

朝　神鉄道場

山脇延吉翁の頌徳碑の前に立ち、偉業を讃えよう。→P151

鈴蘭台

新しくなった駅ビルで休憩しよう。→P155

下り坂の走りを堪能しよう。

新開地

GOAL

## 駅近の名店　新開地

### 高速そば

　新開地駅の改札内、神戸電鉄のホームのすぐ近くにある立ち食いそば。ものすごく速く出てくるわけではなく、駅の所有が神戸高速鉄道であることからこの名前。コロッケそば（370円）や牛すじとこんにゃくを甘辛く煮た「ぼっかけ」が入ったぼっかけうどん（420円）が名物的存在。

●新開地駅構内　☎なし　6:00AM～10:30PM　無休

# 京都

京都

# 日常と非日常をデザインでつなぐ。

# 叡《えい》山《ざん》電車

京都市

叡山本線の終点、八瀬比叡山口駅に停車中の「ひえい」。上品な色合いの深いグリーンの車体が美しく輝いている。

洛北を走り、「叡電《えいでん》」と呼ばれて親しまれている叡山電車。京阪電車と接続する出町柳《でまちやなぎ》駅を起点に、比叡山の麓に向かう叡山本線と、宝ケ池駅で分岐して鞍馬山へ向かう鞍馬線の2路線があります。宝ケ池駅までは地元住民や学生たちの通勤・通学路線的な色合いが強いのですが、その先は貴船《きふね》神社や鞍馬寺、また比叡山といった観光地につながる観光路線になるという二面性を持っているのが特徴です。

もともとは大正14年（１９２５）に京都電燈が現在の叡山本線を、続いて昭和初期に鞍馬電気鉄道が現在の鞍馬線を開通させたことが始まりです。昭和17年（１９４２）には京都電燈の鉄道部門が独立して京福電気鉄道を設立し、その後、鞍馬電気鉄道を合併しました。比叡山・

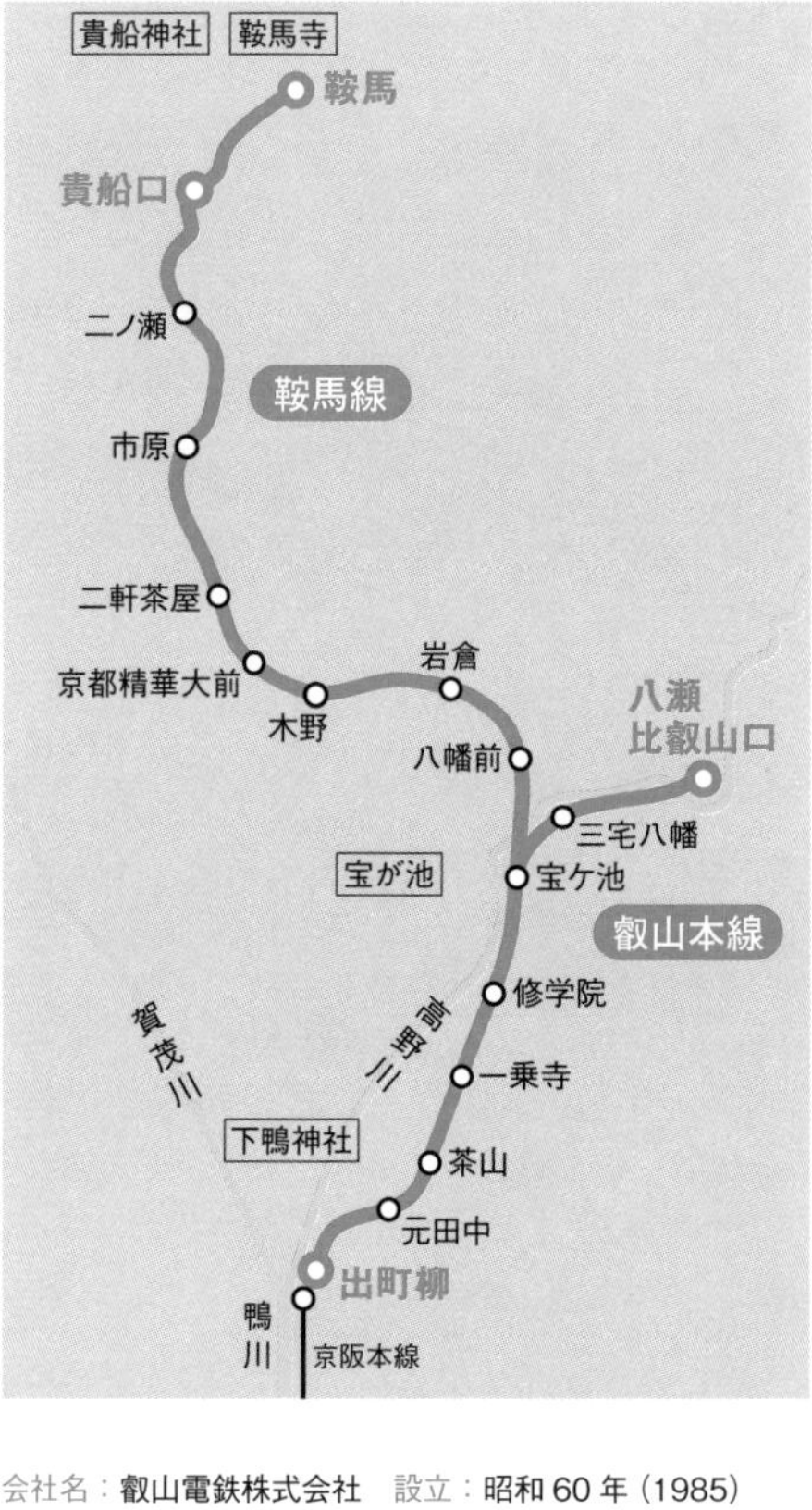


会社名：叡山電鉄株式会社　設立：昭和60年（1985）
本社：京都市左京区　営業キロ：14. 4km
路線：叡山本線（出町柳　八瀬比叡山口）
鞍馬線（出町柳～鞍馬）
駅数：17駅
2016年度乗客数：725万9000人（対前年比102%）

比叡山の山並みをバックに走る叡電。さまざまなデザインの車両があるので、注目してみよう。

延暦寺方面の観光やレジャー利用の足としてもにぎわいましたが、昭和53年（１９７８）に京都市電が全廃されて他の鉄道路線との連絡がなくなったことや（京阪出町柳駅の開業は１９８９年）、バス路線の整備の影響もあって乗客数は一気に減少していきました。

経営再建のため、京福電気鉄道は昭和60年（１９８５）、同社が１００％出資する叡山電鉄を設立し、小回りの利く経営体制をとることを決めました。翌年、叡山本線・鞍馬線共に京福電気鉄道から分離して営業を開始。その後、２００２年に京阪電車（現京阪ホールディングス）が全株式を取得し、京阪の完全子会社として再出発しています。

京阪グループは２０１５〜２０１７年度の中期経営計画で、比叡山・びわ湖観光ルートの確立を「観光創造」の柱の一つに掲げました。京阪グループは叡山本線の終点である八瀬《やせ》比叡山口駅からつながる叡山ケーブル・ロープウェイを運営しています。さらに、京阪石山坂本《いしやまさかもと》線の坂本比叡山口駅から比叡山に向かう坂本ケーブルも運営。比叡山を回遊できるルートの盛り上げは重要な課題だったのです。

## 「ひえい」――日常と非日常をつなぐ

そんな中、叡電では昭和62年（1987）から導入を始めた700系車両の改修の必要性が高まり、700系を改造した叡山本線用の観光車両の導入が計画されました。しかし、秋の紅葉など沿線の車窓風景がゆっくり楽しめる鞍馬線とは違い、叡山本線は終点の八瀬比叡山口駅までわずか15分足らず。乗っている時間も短いことから、景色だけではなく空間そのものを楽しめる列車を開発しようということになったのです。

デザインは2008年の京阪電車開業100周年のトータルデザインを手掛けたGKデザイン総研広島に依頼。車両改造を担当する川崎重工業のデザイナーも一緒に案を練り上げました。そして2017年3月、車両正面に金色の巨大な楕円の上部が車両からはみ出たデザイン案の発表に驚きの声が上がりました。

その名も「ひえい」。コンセプトを見て、ついついマンションポエムを思い出してしまったのは、きっとわたしだけではないはずです。

**比叡・鞍馬の情緒感「神秘的な雰囲気＋時空を超えたダイナミズム」の創出。その地にあるべき列車の姿。**

金色の楕円形を装着した「ひえい」。男子の心をくすぐるメカ感が漂う。

外から見ても、中から見てもデザインに対する気合がほとばしっていることが伝わる。

荘厳で神聖な空気感や深淵な歴史、木漏れ日や静寂な空間から感じる大地のパワー。比叡山と鞍馬山という二つの終点のイメージを、二つの「極（パワー）」を有する楕円形に見立て、車両の内外装にシンボリックに展開するというのです。

社内外で飛び交う「なんでやねん」の声。「吸い込まれそう」「深海魚のようで不気味」などといった声もインターネット上に飛び交いました。中西喜芳運輸課課長も「自分も『なんでやねん』と思わなかったわけではありません」と当時を振り返ります。

そんな声に負けることなく、コンセプトそのままに７００系７３２号車を大改造。２０１８年3月のお披露目会には取材陣が殺到。光沢のある深緑の車体に楕円の金色が調和し、インパクトのあるデザインながら落ち着いた雰囲気が漂っていると評価は一転しました。

それにしても、思い切ったデザインです。前面の楕円だけでなく、窓もすべて楕円形。車内の手すりも弧を描いた形を取り入れました。快適性も重視し、従来よりも1人あたりの幅と奥行を広げたシートが並び、壁面は継ぎ目や機器類の出っ張りなどが目立たないフラットな仕上げとしています。唯一楕円形を取り入れられなかったのは運転席のドアのみというこだわりようです。

ちょっと待って、連結はどうするの？　ご心配なく。普段は1両で走りますが、もしも他の車両と連結する場合は連結器回りの部分だけ楕円形の飾りを取り外せるようになっているという芸の細かさ。運転席からの視界が悪くならないかとの懸念も、左側に寄せていた運転席を中央に約30cm移動したことでクリアしました。

出町柳駅の１番線は屋根の支柱などが緑と金色に塗られるVIP待遇。記念写真を撮る人も多い。

デビュー以来、「ひえい」は火曜日を除く毎日、叡山本線を走っています。「ホームや踏切で見かけた方が、必ず振り向くんですよ」と中西さん。確かに通りがかった人を釘付けにする強さがあります。

「ひえい」は２０１８年のグッドデザイン賞を受賞しました。受賞理由が納得の内容なので、ちょっと長いですが引用します。

**比叡山・鞍馬山といった荘厳な霊峰への観光アクセスと、市内近隣の通勤通学の足も両立するこの車両は、30年前製造車両のリニューアルであることを感じさせないデザインとなっている。大胆な楕円系のフロントデザインは、京都市街地を徐々に抜け、山々の緑陰に入り込んでゆく過程での豊かな「緊張感」を車内にまで持ち込んでいる。内装も楕円のデザインが中を貫くだけでなく、ヘッドレストの位置と楕円の窓形状を連動させて、適切な座席誘導と外の風景の切り取りを両立している点、細やかな色彩調整と広告の排除による車両の内外装デザインと駅舎や周辺景観とも混ざりあい、環境と呼応しながら新しい風景を創出している。**

ポイントは観光だけではなく通勤・通学にも配慮した点です。観光という「非日常」と、通勤・通学で利用する地元の人たちの「日常」、その両極性に応えるという叡電が長年かけて取り組んできたテーマを、デザインによって両立させたことが高評価の理由でもあったのです。

観光列車の先輩「きらら」。青もみじを意識した黄緑色の１編成と合わせて２編成がある（2020 年 12 月まで）。

## 「きらら」——沿線の課題に応える

ところで、「ひえい」には先輩がいます。さかのぼること20年前、平成９年（１９９７）から２年をかけて鞍馬線に導入した展望列車「きらら」です。

特徴は何と言っても天井まで届く大きな窓ガラス。車窓を存分に楽しめるようにと、車内29席のうち中央付近の８席を外向きに配置。当時としてはかなり斬新なパノラマ車両でした。一方で、２列＋１列のクロスシートを基本とし、やはり通勤・通学の利用もきちんと意識しています。

「きらら」は、鉄道友の会が選出するローレル賞を受賞。今やすっかり叡電の名物になりました。出町柳駅にはきらら専用の時刻表もあり、叡電のホームページでも公開されています。

「同じようなものをつくるより、乗りたくなる車両として他にはない特徴あるデザインがいい」（中西さん）。ひえいの大胆な楕円形デザインには、「きらら」という前例があったことと関係しているはずです。

その「きらら」誕生の呼び水となったのは、市原駅～二ノ瀬《にのせ》駅間の「もみじのトンネル」です。鞍馬線の終点近く、約250ｍの区間に280本のイロハモミジやオオモミジが車窓いっぱいに広がります。列車の外からは見られないとあって、国内外から人がやってくる大人気スポットになりました。

車窓が真っ赤に染まる秋はもちろんのこと、春には新緑を楽しむための徐行運転、夏には青もみじのライトアップも行っています。冬になるともみじは散りますが、代わりに京都では珍しい雪景色をアピール。さらに、叡山本線の八瀬比叡山口駅と途中の宝ケ池駅、鞍馬線の鞍馬駅がイルミネーションで彩られます。

「きらら」もまた、叡電が抱える課題の解決を担っていました。叡電は紅葉シーズンの11月と川床が人気の7・8月に観光客が集中し、繁閑差が大きいのが積年の課題なのです。どうすれば観光シーズン以外の利用が増えるのか。1年を通しての沿線の魅力づくりがテーマだったのです。

その背景には、京都市営地下鉄烏丸線が国際会館駅まで延伸（1997年）することによる乗客減の見込みも影響していました。新しい需要を増やし、乗客数を底上げする目的だったからこそ、「きらら」は観光列車でありながら特別料金は必要なかったのです。その考え方は「ひえい」にも受け継がれました。

沿線を観光スポットに囲まれた鉄道ゆえの課題に対して、デザインによってアプローチしようとするのが叡電らしさなのです。

車窓を楽しむことを追究するとこうなりました、という「きらら」の潔いデザイン。外国人観光客にも大好評だ。

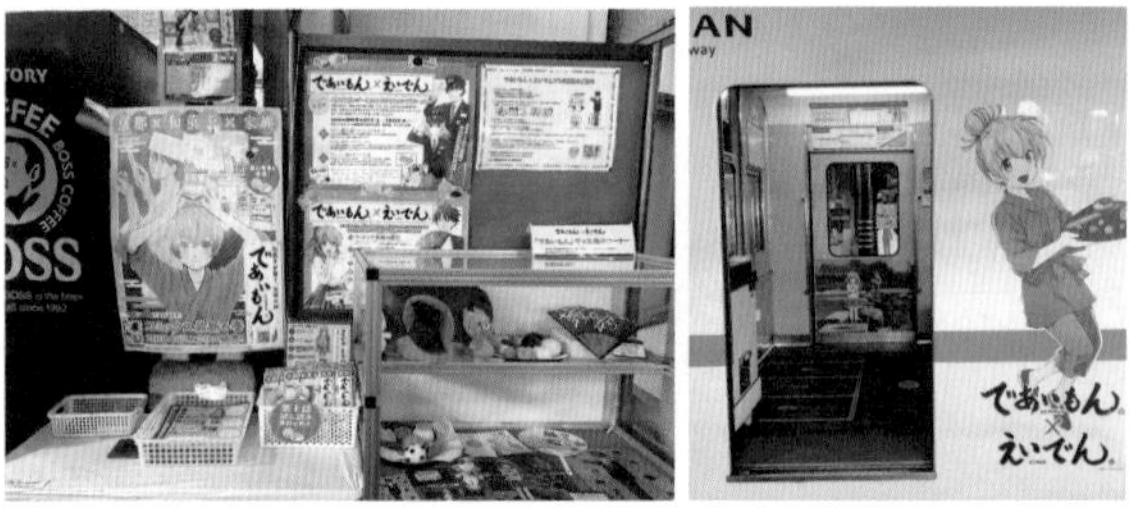

アニメとのコラボも盛ん。クールも萌えも丸ごと取り込んでファンを増やす、飽くなき探求心。

## 愛されるなら何でもやろう

観光客にも地元民にも同じように愛される。そのためにはどんな繋がりだって利用します。2011年の「けいおん！」とのコラボもその一つです。

軽音楽部の女子高校生の成長を描く漫画・アニメ「けいおん！」が連載されていた雑誌は『まんがタイムきらら』。まさかの「きらら」つながりによるコラボレーションです。バンドにちなんだ楽器型の記念乗車券を発売したほか、その後も定期的に『まんがタイムきらら』や出版社である芳文社の作品とのコラボレーションを積極的に行っています。ラッピング車両やヘッドマークを付けたり、声優が参加するイベントも開催。その度に多くのファンが詰めかけています。最近では、京都を舞台にした漫画『であいもん』とのコラボも好評です。

2010年と、他社と比べてもかなり早い時期からTwitterの公式アカウントを持って発信し、中継に取り組んだこともあるほか、珍しくYouTubeアカウントも持っており、インターネット上の存在感はローカル鉄道とは思えないインパクトを持っています。

中西さん曰く「とにかくノリがいい会社なんですよ（笑）」。確かに、「きらら」も「ひえい」も、しっかりしたデザインコンセプトがあったとはいえ、このノリのよさがなければできない思い切りを感じます。インバウンドだけに頼らない企画の数々は、コンパクトで小回りが利くローカル鉄道ならではと言えるでしょう。

鉄分補給

**【叡山電車篇】**

## 車両も駅も制服もリニューアル進行中

上／木目を基調とした内装もシックな「ノスタルジック 731」。
右／内外装ともリニューアルが施された 720 形 722 号。

叡電で近年、盛んに行われているのは「ひえい」と同じ昭和 60 年代にデビューした 700 系のリニューアルです。

デオ 710 形・720 形・730 形は自社や京阪の廃車で発生した機器と新製の車体を組み合わせたもので、730 形のうち 1 編成が「ひえい」に生まれ変わったのは先述の通りです。また、同じ 730 形の 731 号は、開業 90 周年記念に開業当時のデナ 1 型車両をイメージした「ノスタルジック 731」として運転されています。

さらに、720 形も順次リニューアルが進行しており、722 号車は沿線の神社仏閣をイメージしたというきれいな朱色にお色直し。車内にも車いすやベビーカースペースが設置され、シックながらも現代的な仕様になりました。

リニューアル後の貴船口（きぶねぐち）駅のイメージ。

ちなみに、社員のみなさんの制服も 26 年ぶりにリニューアルしました。従来のブレザーからスーツタイプへと変更したほか、袖口などにキラリと光る金色ラインは「きらら」「ひえい」の車両外観に共通して展開しているデザインをモチーフにしているのだそうです。

おすすめコース
8

やってみよう！

# 【叡山電車】

## 「きらら」と「ひえい」、どっちも乗りたい！

「ひえい」は火曜のみ運休、「きらら」は毎日走っているので乗るのは難しくない。出町柳駅を起点に沿線の観光地を巡ろう。その他にもレトロにリニューアルした車両やラッピングのバリエーションも多い。電車の発着が見える出町柳駅に隣接したロッテリアでのんびりしながら、たくさんの電車を眺めるのも楽しい。

GOAL

鞍馬

ノスタルジックな駅舎に浸ってゆっくりしよう。大きな天狗と一緒に写真を撮ったらグッズ自動販売機も要チェック！

貴船口

バスを乗り継ぎ、貴船神社へ参拝しよう。

八瀬比叡山口

八瀬の新鮮な空気を味わい、再び「ひえい」で宝ケ池駅へ戻ろう。

今度は「きらら」に乗って鞍馬へ出かけよう。→P167

鞍馬線

叡山本線

宝ケ池

1番乗り場から「ひえい」に乗ろう。→P166

出町柳

START

## ナイスなお土産

### 叡電さぶれ

沿線の洋菓子店［BRUGGE 洛北］が製造するシンプルなサブレ。展望列車「きらら」の形をした箱の中には電車のカードやぬりえも入って、食べた後も楽しい仕掛けになっている（1箱700円）。出町柳駅にて販売中。その他、靴下やあぶらとり紙など、妙に実用的なラインアップの叡電グッズ多数。楽しく買い物をしよう。

京都

# 京都丹後鉄道

## 街と一緒に人をつくる。

宮津市〜舞鶴市・
福知山市・兵庫県豊岡市

京都丹後鉄道の起点となる宮津駅。
ここ宮津を中心にして豊岡、福知山、
西舞鶴へと３路線が走っている。

古い車両も元気に走る。右はKTR700形705号、左は宮福鉄道時代に投入されたMF100形。

## 京都丹後鉄道の誕生

京都丹後鉄道は宮津駅を起点に、京都府の西舞鶴駅と結ぶ宮舞《みやまい》線、福知山駅と結ぶ宮福《みやふく》線、兵庫県の豊岡駅と結ぶ宮豊《みやとよ》線の3路線からなります。西舞鶴・豊岡・福知山の各駅がJRと接続しているのが特徴で、JRとの相互乗り入れによる直通特急も走っています。

取材のために、宮豊線の豊岡駅から早朝の宮津行き列車に乗り込みました。KTR700形709号。平成2年（1990）に投入された気動車で、どことなく古めかしい感じが漂います。早朝とあって豊岡では少なかった乗客も、久美浜駅や網野駅で通学の高校生たちが乗り込んできて、一気ににぎわいました。沿線にある日本三景の一つ、天橋立に向かう観光客を運ぶほかは、主に高校生の通学の足として使われているのです。

山の中をのんびりと1時間20分、宮津駅に到着しました。駅舎に併設されている京都丹後鉄道の運行会社WILLER TRAINSの寒竹《かんたけ》聖一社長を訪ねました。

京都丹後鉄道の成り立ちは複雑です。前身は昭和7年（1932）全通の国鉄宮津線。それが昭和62年（1987）に赤字ローカル線として廃止対象になったことから、宮津と福知山を結んでいた第三セクターの宮福鉄道が引き受け、北近畿タン

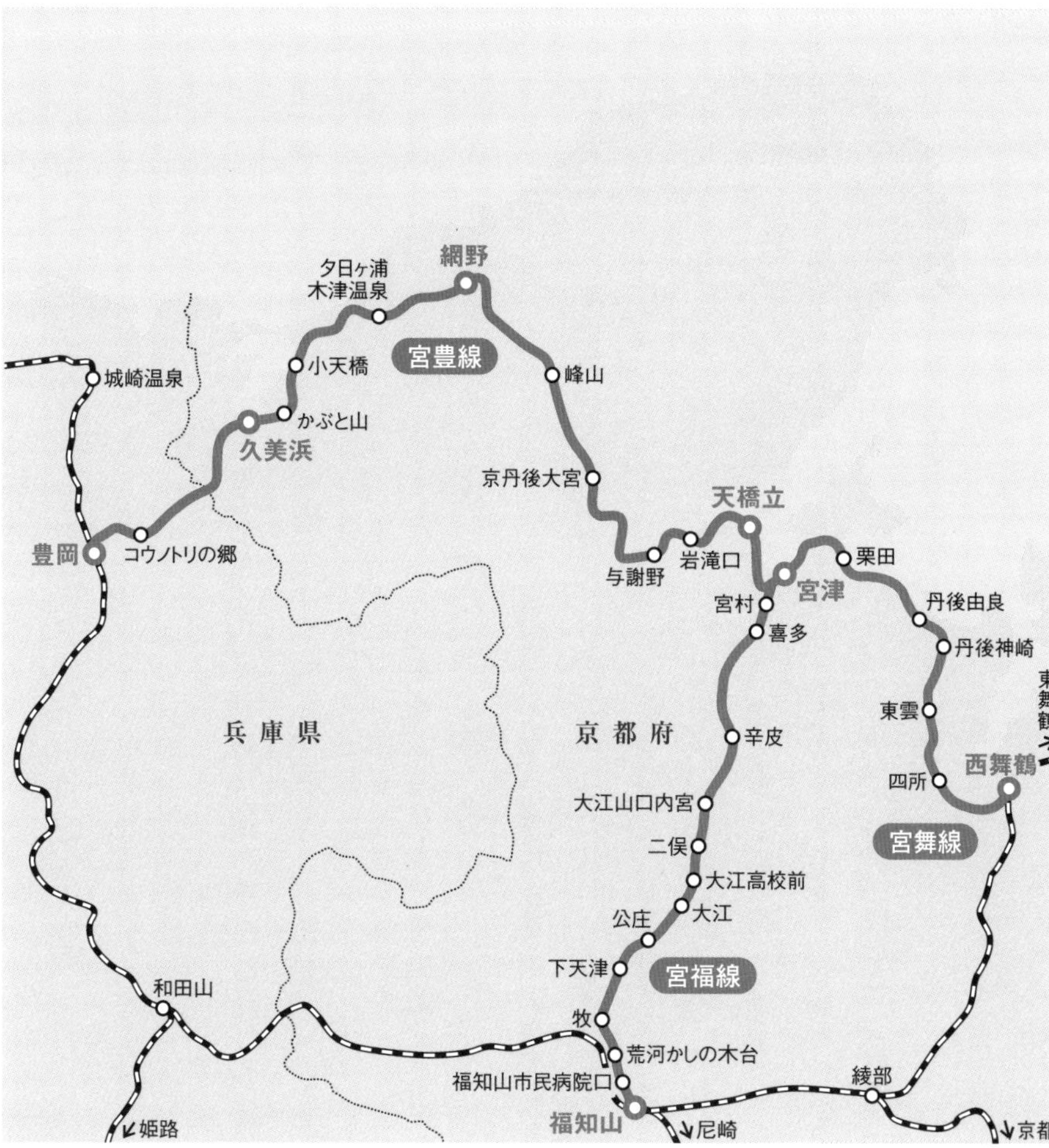


会社名：WILLER TRAINS 株式会社
設立：2014 年　本社：京都府宮津市
営業キロ：114km　路線：宮舞線（宮津～西舞鶴）／宮豊線（宮津～豊岡）／宮福線（宮津～福知山）
駅数：32 駅　2018 年度乗客数：177 万人

ゴ鉄道（ＫＴＲ）に社名を変更しました。

ＫＴＲはローカル鉄道業界ではある意味有名でした。２００９年に日本で最も赤字額が大きい第三セクターとなり、２０１３年3月期には8億４０００万円もの経常損失を計上していました。

沿線の京丹後市や宮津市、舞鶴市など京都府北部は、他の地方と同様に人口減少に直面。一方、運行する路線は長く、総延長は１１４kmに上っています。自家用車の普及や過疎化で乗客は減り続けており、廃線の2文字も見え隠れする……。

周囲からはそう見られていましたが、沿線の自治体はＫＴＲが施設を所有し、運行を外部の会社に任せる「上下分離方式」を導入して、経営を立て直すことを決定。上下分離方式は、線路や施設などのインフラ（下）と鉄道運行（上）に分けて収支の改善や経営の安定につなげる仕組みで、全国的にも導入が増えていました。これに合わせて運行事業者の公募を実施。ＷＩＬＬＥＲ ＧＲＯＵＰに決まったことで、また大きな話題となりました。

プレゼンではＷＩＬＬＥＲ ＧＲＯＵＰがマーケティング会社であることを踏まえ、インターネットを使って新たな需要を創出すれば、人が集まると強調。当時すでにＪＲバスを抜いて日本一の高速バスネットワークを構築していたＷＩＬＬＥＲは、「物理的にも情報面でも高次元交通ネットワークを結び、ローカル鉄道のトップランナーになる」と熱弁。ＷＩＬＬＥＲ ＧＲＯＵＰは見事に運行事業者の座を勝ち取りました。

宮津駅にやって来た、天橋立駅へと
向かう観光列車・丹後あおまつ号。
背にした丹後山地の山々の美しさ。

宮豊線久美浜駅にて、地元で採れた新鮮な野菜が「乗車」。列車が便利なのは、何も人だけではないのだ。

## 全国初、おいしい貨客混載

宮豊線の普通列車に乗った時に不思議だったことがありました。駅の後ろに「貨客混載用」と書かれたスペースがあったのです。これは社長に就任した寒竹さんがまず取り組んだことの一つでした。

貨客混載とは「貨物」＝荷物と「旅客」＝人の輸送を一緒に行うことです。これまで日本では「貨客分離」が中心でした。荷物も人も増えていた時代は、それぞれを大量に、そして頻繁に輸送する必要があったからです。

しかし、地方の人口減少が進み、トラックのドライバーも不足する中で、貨客を分けるのではなく一緒に運んだ方が効率的ではないかという状況になってきました。そこで登場したのが貨客混載という手法です。ＣＯ２排出量削減につながることもあり、取り組みを進めるための規制緩和も行われました。

貨客混載のために京都丹後鉄道が組んだ相手は、沿線にある西日本最大級の道の駅「丹後王国 食のみやこ」。甲子園球場の8個分という広大な敷地で、京都府北部のこだわり食材を味わえるレストランやマルシェが行われています。

「食のみやこ」では、それまで沿線の久美浜エリアの農家29人から7ｔの野菜を納品してもらっていましたが、その運搬は農家の人がそれぞれトラックや自家用車を使っていました。距離にして片道50km、往復2時間かかり、負担は少なくありませんでした。

そこで２０１７年、集荷場を京都丹後鉄道の久美浜駅に変更。駅から列車に野菜を積み込み、丹後王国の最寄りの峰山駅まで鉄道輸送することにしたのです。農家にとっては久美浜駅までは約10分と、作業時間が大幅に短縮。一方の京都丹後鉄道は空席を有効活用し、収入を得ることができます。車両内には貨客混載の専用スペースが設られています。

貨客混載で運ばれた野菜は「丹鉄シール」が張られ、朝採りの野菜として人気を集めています。手軽に運べることから「食のみやこ」に出荷する農家も増えたそう。農家・京都丹後鉄道・「食のみやこ」の３者それぞれにメリットがあり、農業と地域の活性化を目指した全国初の貨客混載として注目され、２０１８年には環境にやさしい交通を目指す優れた取り組みを表彰する「ＥＳＴ交通環境大賞国土交通大臣賞」を受賞しました。

寒竹さんは最初の1年間、常務として勤めた後、社長に就任しました。最初はこれまで住んでいた首都圏から住まいを移さず、本社のある京都府宮津市に行ったり来たりしていましたが、地域の人たちと話す中で、会社への期待を実感しました。「落下傘ではなく丁寧に付き合いたい」。そこで奥さんと一緒に、車庫がある京都府舞鶴市に引っ越してきたのです。本社にはもちろん京都丹後鉄道を使って出勤。「社員はイヤかもしれないね、社長が乗るなんて」。奥さんもすっかり舞鶴が気に入り、休日は家族で遊びに出かけることも多いそうです。

そのようにして沿線の人たちや自治体と意見交換を繰り返す中で、「このあたりにはエンターテインメントがない。子どもたちのレジャーの一環で車両を活用できませんか」と相談を受けました。そこで、沿線の京都府立網野高校（京丹後市）の演劇部と一緒に、２０１６年８月に走らせたのが「幽霊列車」でした。高校生たちが列車を装飾し、地元にちなんだ怪談を読み、お化けに扮して登場する企画です。夏休みには沿線を離れて暮らしている若い人たちも帰省してきます。

「思い出づくりには、自然に囲まれた野山だけでなく、エンターテインメントがあってもいいのでは。売り上げよりも地域の方々との交流になればいいですよね。大事なのは、いかに鉄道の垣根を低くできるかなんです。もっともっと鉄道が持つ価値を多様化し、具現化したい」。

## レストラン列車と「人」づくり

寒竹さんへの取材の翌日、京都丹後鉄道が誇るレストラン列車「丹後くろまつ号」に乗りました。発車駅の天橋立駅で待っていると、漆黒のシックな車両が入線してきました。天橋立の白砂青松を象徴する「松」をモチーフに、JR九州の豪華寝台列車「ななつ星」などを手がけた工業デザイナー・水戸岡鋭治さんがデザインしました。終点の西舞鶴まで約2時間の旅。若狭湾に沿うように走り、由良川《ゆらがわ》河口近くに掛かる由良川橋梁を渡る時は、両側の車窓に水面が広がる絶景を楽しむことができます（P8・193）。

ランチコースはデザートまで6品。沿線の舞鶴市にあるビストロ「アメイロ ビストロ アルル」のオーナーが、丹後くろまつ号のためにつくった特別コースです。観光列車を走らせる鉄道会社は増えてきましたが、中にはシェフが地元ではない東京の人だったり、地元の産品を使っているだけというケースもあります。京都丹後鉄道はそうではなく、地元のシェフにレストラン列車のコースづくりという成長の舞台を提供したわけです。

食事を楽しめる丹後くろまつ号。ランチコースの他に、スイーツコース、茶会コース、えらべるほろ酔いコースが運行中。コース内容は半年ベースで変わる。

食事付きのため、当然アテンダントが必要となる。鉄道が沿線の雇用の受け皿にも一役買っている。

地元の野菜を使ったキッシュやローストビーフ丼などが次々と運ばれてきました。サーブをしてくれるアテンダントも含めて200人近くいる社員は、沿線出身者を多く採用しています。わたしが乗車した際におられたアテンダントの女性も久美浜出身の方でした。乗客を増やすための提案が受け入れられて改善につながったこともあり、やりがいを感じていると言います。接客の技術はもちろん、「もっと食やワインのことも追求していきたい」と笑顔を見せます。

その女性が食後に淹れてくれたコーヒー。これは「丹鉄ファンド」による支援第1号「城崎珈琲焙煎所」が手がけているスペシャルティコーヒーです。そして、車内で人気ナンバーワンのお土産が「丹鉄クッキー」。こちらは「丹鉄ビジネススクール」の1期生が起業し、開発したお土産なのです。おや、レストラン列車の話から、急にビジネスワードが飛び出してきました。実はこれらもまた京都丹後鉄道の「人づくり」のための取り組みなのです。

「地域に雇用よりも起業家を育てる!」。そんなキャッチコピーと共に丹鉄ビジネススクールが誕生したのは2016年のこと。沿線の地方創生を実現するため、地域に根ざした収益モデルを生み出せる人材を育成しようとスタートしたものです。WILLER GROUPが事業を引き継いでからわずか1年後のこと。ローカル鉄道経営には地元の人づくりが欠かせないという考えを早くも実践したのです。

2018年までに3期にわたって開講され、これまでにさまざまな取り組みが実現しました。その一人が、丹鉄クッキーの生みの親、ビジネススクール1期生の福原習作さんです。舞鶴市で生まれ育ち、もともと鉄道に乗るのが大好きな乗り鉄。舞鶴市内で襖《ふすま》などを扱う「福原

「おもちゃ列車」の様子。子どもたちがファンになることは、ローカル鉄道にとって大切だ。

表具店」を営み、順調ではありましたが、10年先を見通すと後継者は不足。住宅事情も変化していきます。

そんな時に出会ったのが丹鉄ビジネススクールでした。新生京都丹後鉄道がどうなっているのか知りたかった気持ちに背中を押されて応募。ビジネススクールに通いながら、トライアルで福原さんが実現させた企画が「おもちゃ列車」でした。地元の舞鶴市では約30年前に比べ子どもの数が半減。PTA会長や民生児童委員を務めながら地域を見守る中、「子育て世代が楽しいまちにしたい。自分の好きな鉄道で何かできないだろうか」と考えていたそうです。

福原さんのアイデアは、本物の列車の中で子どもたちが好きな鉄道のおもちゃを走らせようというもの。福原さんは、鉄道ファン以外の人たちにも認められることが大切であり、だからこそ子育て世代が楽しめるものにしたかったのです。

おもちゃ列車では、既存の車両に畳を敷いてお座敷に仕立て、その中におもちゃ（模型）やトイトレインを並べ、風景を楽しみながら鉄道おもちゃで遊ぶことができるよう工夫しました。当日、乗り込んだ子どもたちは大はしゃぎ。降りる時間になっても、「帰りたくない！」と泣き出す子どもが続出するほどの大成功でした。

この経験を踏まえて、福原さんはおもちゃ列車の本格的な事業化を視野に入れて法人化を決断します。地域の名前を入れたいと、社名は「北近畿鉄道ビジネス株式会社」に。ビジネススクールからの最初の起業事例です。ロゴにはWILLERのコミュニティカラーのピンクとJR西日本の青をあしらい、鉄道・人・地域の3点を波で表すデザインとしました。コンセプトは「鉄道と地域をつないで人が元気になる」。その後、観光列車の丹後あかまつ号に併結す

丹鉄クッキー（800円）と、列車の車輪をイメージしたという丹鉄くろまつクッキー（1,000円）。

るなど、おもちゃ列車を約20回走らせ、いずれも好評を得ています。

続いて福原さんがヒットさせたのが「丹鉄クッキー」です。当時はまだ沿線や鉄道にちなんだお土産が少なく、乗客のニーズの高まりを感じていたと言います。そこで、古くからの知人で、東舞鶴駅前にある老舗［お菓子工房ロジナ］に依頼して焼き印を制作。パッケージは地元のデザイン会社「舞Ｖｅｎｔ」が担当し、オール地元によるお土産が誕生しました。

試作品を持って京都丹後鉄道に相談。「やると言ってから1ヶ月半でできました」という地元のつながりがあればこそのスピード感。２０１７年10月の発売後、お土産の中での売り上げはトップを争う人気。観光列車の中だけで１００個近く売れることもあり、生産が間に合わないほどの状況で、嬉しい悲鳴があがっています。丹後あかまつ号と丹後の海のクッキーに始まり、その後、地元の和菓子店［フクムラ］のアイデアで丹後くろまつ号をイメージした竹炭入りのクッキーも完成しました。

「楽しいですね。あんなことしたい、こんなことしたらと頭がいっぱいなんです。やっぱり子どもの元気がいっぱいあるのがいい街。子どもの力を大人がもらえばいい。そのツールとして鉄道は強い」と福原さん。「地域が元気になること」を目指し、次のビジネスを思案中です。

## 鉄道が持っている「つなげる」力

丹鉄ビジネススクールと同時に設立されたのが「丹鉄ファンド」でした。丹鉄ビジネススクールで育てた人が起業するには資金面の支援が欠かせないと、日本初の投資型鉄道ファンド

宮津駅構内にある「114km cafe」。金・土・日・祝日にオープン。

として2016年に設立したものです。起業家や鉄道ファンから京都丹後鉄道に関するビジネスアイデアを募集し、採用された案件に投資することで、鉄道経営に参画することができるという仕組みです。京都丹後鉄道にとっては、資金調達や経営のネットワークを広げられるメリットがあるだけでなく、沿線の魅力や価値を広めるチャンスにもなります。

この丹鉄ファンドの出資第1号となったのが「城崎珈琲焙煎所」だったのです。丹後エリアにはあまりなかったコーヒーやスイーツなど「洋」の新ブランドを確立するために、栃木県日光にある古民家を活用したカフェ「日光珈琲」と、城崎温泉で人気の地元産の米粉を使ったスイーツブランド「城崎スイーツ」の協力を仰ぎました。どちらも有名観光地のお膝元にあり、地元の資源を活用したブランドを立ち上げた成功事例です。

「城崎珈琲焙煎所」で手がけるブレンドの種類は、「天橋立」「与謝野」「京丹後」「舞鶴」「福知山」と、沿線にちなんだネーミングの5種類。業界では5%と言われるほど希少なスペシャルティコーヒーの豆を使った極上のコーヒーです。

2018年には、宮津駅に「丹鉄珈琲114km cafe」がオープンしました。コンセプトは「旅の始まりと終わりに、こだわりの商品を」。コーヒーを片手に旅に出る人々への窓口であり、丹鉄沿線の魅力を発信する拠点でもあります。オリジナルブレンドのコーヒーのほか、地元の食材を使ったスイーツや地ビールも販売しています。

こうした「つなげる力」も、鉄道が持っている価値の一つではないでしょうか。実際、京都丹後鉄道になってからは地域と行政の連携も加速しました。現在は2ヶ月に1回、沿線の5市2町と京都府および兵庫県の担当者が一同に集まり、情報共有や意見交換をしています。

以前は違いました。民間にとっては売り上げと利益が大切ですが、行政にはそういう感覚はなく、「人が来てにぎわえばそれでいい」「儲けは度外視」という考え方でした。寒竹さんらWILLER TRAINSの面々も最初はショックを受けましたが、利益を還元する仕組みにしたことで話がしやすくなったと言います。

とはいえ、2018年は集中豪雨の被害で2ヶ月間列車が運行できず、台風にも見舞われたこともあって大赤字。寒竹さんは「来年はなんとかトントンにしたい」と繰り返し強調しました。「鉄道はつながっている。114kmあれば特色もたくさんある。それを活かして、鉄道事業を元気にしたい」。

行政だけではなく、沿線のバス会社と協議し、バスと鉄道が乗り継ぎがしやすいダイヤへの改善も行いました。まさに鉄道とバスをつなげたのです。高速バスで培ってきた、マーケティング力が活きています。

さらに鉄道会社同士の連携も強化しようと動き出しました。2018年に運行した丹後くろまつ号とJR西日本の観光列車「天空の城 竹田城号」を連結した「ぐるっと北近畿」は日本初の取り組みとして注目されました。さらに現在は西舞鶴までしか運行していない列車を、隣のJR東舞鶴駅の先まで乗り入れられないか検討しています。

今後は地域外からの観光客向けの企画と、垣根を低くして地元に楽しんでもらう企画の両軸霧の立ちこめる中、宮豊線岩滝口駅に停車中のKTR700形703号。風光明媚なフォトスポットが多いのも丹鉄の魅力。写真コンテストなども開催されている。

JR京都駅に到着した丹後の海。タンゴディスカバリーとして走っていた車両をリニューアルした。

を見据えることを基本戦略としています。WILLERが公募に手を挙げたのは、沿線の自治体が本気だったこと、住民もアイデンティティを持とうとしていることを感じ、「ここならチャレンジできると思った」と口を揃えます。行政・住民・鉄道事業者。三者が揃うことで「大きなムーブメントになる」と言います。

寒竹さんには、涙が出そうになった忘れられないエピソードがあります。「114kmcafe」をオープンさせるのに、クラウドファンディングを活用した時のこと。自分の名前をレンガに記して残せるというリターンのある3万円のコースに、遠く離れている人、しかも若い世代が「自分が帰った時に子どもに見せたい」と支援してくれるケースが続出したことでした。

「観光で新しい人を呼んでくることも大切です。一方で今の利用者の半分は高校生。卒業後に沿線を離れても、丹鉄に愛着を持ち、アイデンティティとして、よりどころとして思い出してくれるかもしれない。そういう土地であり、そういう鉄道でありたいんです」と寒竹さん。JR京都駅の山陰線ホームから発車する京都丹後鉄道の特急列車「丹後の海」を見て「ああ、帰ってきたな」と感じる人は少なくないそうです。

「鉄道は移動そのものをサービス＝価値に変えることができるのが強み。だからこそ鉄道の価値をみんなで見つけて育てていきたい。そうすれば地域もよくなる。目指すのは『一緒に泣き笑いできる鉄道』ですかね」

丹鉄が街づくり、そして人づくりに重きを置くのはこうした信念があるからこそでしょう。

鉄分補給

**【京都丹後鉄道篇】**

## 既存車両を活用した「新名物」づくり

丹後あおまつ号(上)と丹後あかまつ号(右)。どちらもソファ席やカウンター席など工夫が凝らされている。車内カウンターではドリンクや軽食も購入可能。

京都丹後鉄道の観光列車には、レストラン列車の「丹後くろまつ号」のほか、天橋立と西舞鶴を結ぶ「丹後あかまつ号」、天橋立と西舞鶴～福知山を結ぶ「丹後あおまつ号」があります。

どちらも木目調のインテリアでソファ席やカウンター席などさまざまなタイプの座席があり、くつろぎながら列車の旅を楽しむことができます。丹後あかまつ号は、火・水曜を除いて運行。乗車には予約が必要で、普通運賃と乗車整理券(550円)を購入します。丹後あおまつ号は毎日運行し、事前予約も不要。普通運賃のみで乗ることができる気軽なスタイルです。どちらも丹鉄珈琲や地ビール、ワイン、オリジナルグッズが購入できます。海沿いや絶景の由良川橋梁を走る時には、速度を落してくれるほか、景勝地である奈具(なぐ)海岸でも一時停車します。

その他にJRと直通する特急として、タンゴ・ディスカバリーをリニューアルした「丹後の海」があります(下)。いずれも工業デザイナーの水戸岡鋭治氏がデザインまたは監修を務めました。3つの観光列車はKTR700形を、丹後の海はKTR8000形を改造し、古い車両を活用して、新しい名物を生み出しています。

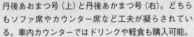

おすすめコース ⑨

やってみよう！

# 【京都丹後鉄道】
# 関西唯一のレストラン列車を堪能

京都丹後鉄道の玄関口・福知山までは大阪駅から特急で１時間半。１時間に約１本走っている。そして多彩な観光列車を気軽に楽しめるのが丹鉄の大きな魅力。３つの観光列車はいずれも１日に４便、さまざまなコースを走っているので、好みに合わせてチョイス。丹鉄のウェブサイトに運行ダイヤが掲載されており、予約ができる列車もあるのでプランを練りやすい。

日本三景の一つ。「股のぞき」をお忘れなく。

丹後由良駅を発車したら、由良川橋梁（下欄参照）を眺める準備をしておこう。

福知山 START → 天橋立 → 丹後由良 → 西舞鶴駅 GOAL

天橋立駅で
丹後くろまつ号に乗車

丹後くろまつ号でランチ。地元食材の美食を味わおう。→P183

丹後あおまつ号は予約不要。普通運賃で気軽に楽しもう。→P191

## 寄りたいフォトスポット

### 由良川《ゆらがわ》橋梁

宮舞線丹後由良駅と丹後神崎駅の間を流れる由良川河口に架かる橋で、全長552m。水面からの距離が近く、水の上を走っているよう見えることから、撮り鉄に大人気。乗車中は車両の先頭に立てば両側に水面が広がる絶景が味わえ、鉄道ファンでなくても楽しめる。

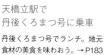

太秦広隆寺駅を出発したモボ621形625号車。現在の主力車両だ。バックに見えるのは広隆寺の楼門。古都の真ん中を走る嵐電らしいシーン。

京都

# 京福電気鉄道

古都を駆け抜ける路面電車。

京都市

嵐山本線は全区間複線。向こうからやって来たのは姉妹提携している鎌倉の江ノ電カラーのモボ 631 形 631 号車。

## 嵐電のルーツ

京都市内を走る京福電気鉄道嵐山線。路線は四条大宮から嵐山までの嵐山本線と嵐山本線途中にある帷子《かたびら》ノ《の》辻《つじ》から北野白梅町までの北野線があり、まとめて「嵐電《らんでん》」と総称しています。嵐山をはじめとする有名観光地を抱える洛西エリアと京都市内中心部を結ぶ、全長11kmの短い路線ですが、観光路線と生活路線の両方の側面を持っています。

その始まりは、嵐山《らんざん》電車軌道という会社が、現在の嵐山本線を開業させた明治43年（1910）です。その後、嵐山電車軌道は京都電燈という京都・福井で発送電を行っていた電力会社に吸収合併されました。京都電燈は、本業の発電・給配電事業に加え、京都市内では現在の嵐電北野線、叡山電車叡山本線、京福叡山ケーブルカーを次々に建設、福井県内でも鉄道・バス事業を行っていました。また、鉄道・バスの沿線地域では、不動産、遊園地などの開

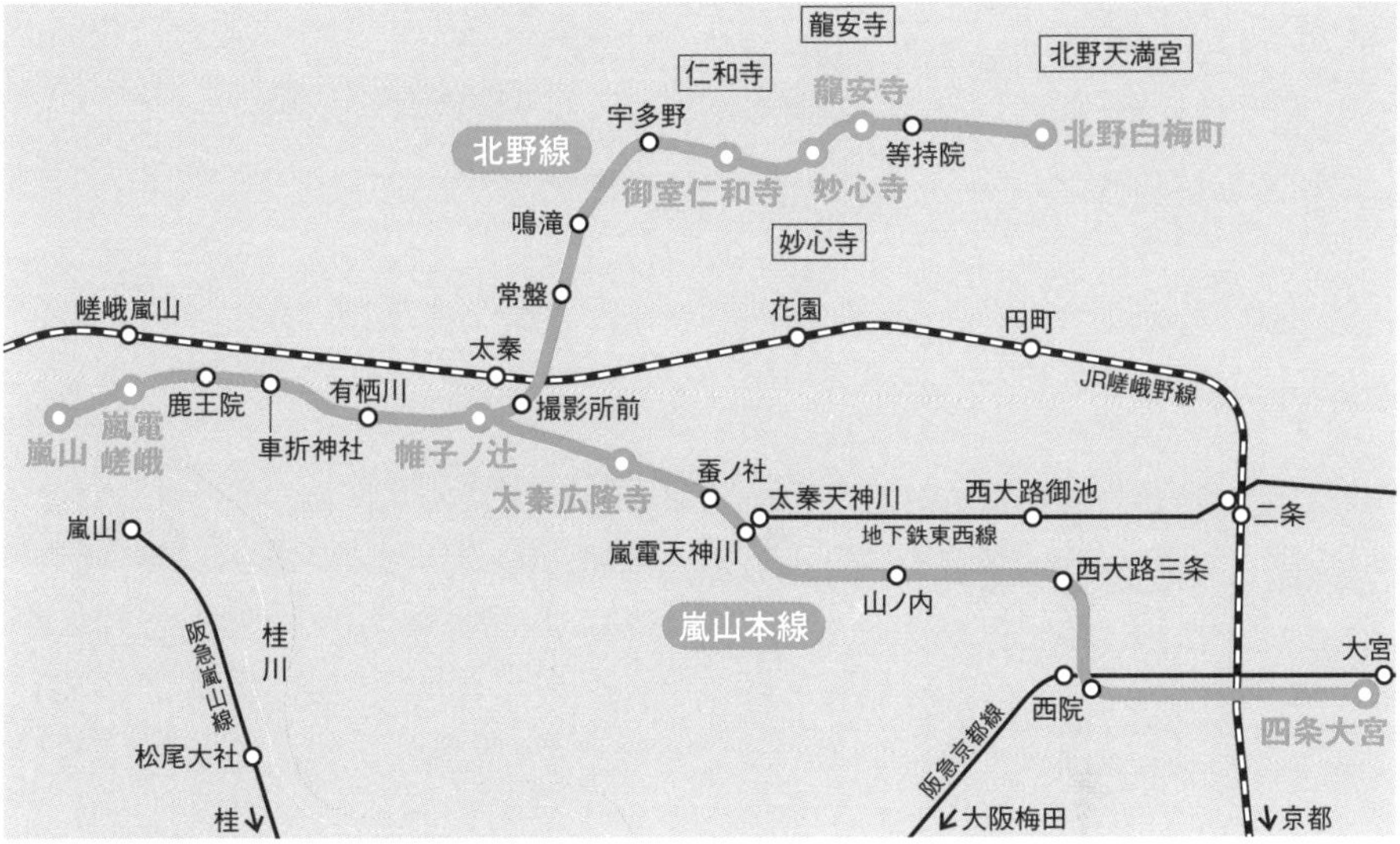


会社名：京福電気鉄道　設立：昭和17年（1942）　本社：京都市中京区　営業キロ：11キロ
路線：嵐山本線（四条大宮～嵐山）／北野線（帷子ノ辻～北野白梅町）
駅数：22駅　2016年度乗客数：784万7000人（対前年比99%）

嵐山本線と北野線が交わる帷子ノ辻駅は、地下通路や構内踏切などちょっと不思議な構造で見どころが多い。

発も行いました。

昭和17年（1942）、戦時体制の強化の中で配電統制令が施行され、京都電燈をはじめ全国の電力会社は、電力部門とそれ以外の事業部門が分離されることとなりました。京都電燈の電力部門を継承したのは現在の関西電力と北陸電力、一方、嵐電などの交通事業や不動産事業、レジャー事業を継承したのが京福電気鉄道という流れです。

その後、京福電気鉄道は、叡山線を昭和61年（1986）に叡山電鉄へ分離譲渡します。福井でも2003年に鉄道事業をえちぜん鉄道に譲渡するなどの経緯を経て、今の姿になりました。ちなみに、「京福」という社名からよく間違えられるそうですが、京都と福井を結ぶ鉄道計画はなかったということです。

## 雅で美しい駅名

太秦広隆寺《うずまさこうりゅうじ》、御室仁和寺《おむろにんなじ》、車折《くるまざき》神社、龍安寺《りょうあんじ》……。嵐電に乗っていると名所旧跡の駅名が多いことに気づきます。古都らしい響きの、いかにも雅で上品な雰囲気です。これは単なる偶然ではありません。先ほど挙げた4つの駅を含めた7つの駅名を、２００７年に一気に変更していたのです。

この当時、京福電気鉄道では２０１０年の嵐電開業１００周年という節目に向け、サービス向上に対して全社をあげて取り組もうと、組織横断的に「嵐電ブラッシュアッププロジェクト」を立ち上げていました。それが駅名変更と駅ナンバリングの導入、そして「嵐電」の公式愛称化につながっていきました。

これらの背景には、嵐電が観光路線と生活路線を兼ねていること、またこの時期、外国人観光客の急増が予想されていたことから、どちらの利用客にとってわかりやすく、親しみやすい駅名にしたいという思いがありました。そこで、路線の呼び名を公式に「嵐電」に統一、駅名は近接する観光拠点となっている社寺仏閣や、地域住民が使っている呼び方を名称に採用することにしたのです。

駅名変更は、わかりやすさの向上だけではなく、駅を沿線地域とより近いものとして考えていこうというきっかけにもなりました。名前をそのまま駅名にすることに驚く社寺もあった一方で、長年使ってきた駅名が変わることを惜しむ住民の声もありました。今は沿線の地名と寺

## 改名された駅名（旧▶新）

| 旧 | 新 |
|---|---|
| 太秦 | 太秦広隆寺（うずまさこうりゅうじ） |
| 御室 | 御室仁和寺（おむろにんなじ） |
| 三条口 | 西大路三条（にしおおじさんじょう） |
| 車折 | 車折神社（くるまざきじんじゃ） |
| 嵯峨駅前 | 嵐電嵯峨（らんでんさが） |
| 高雄口 | 宇多野（うたの） |
| 竜安寺道 | 龍安寺（りょうあんじ） |

社仏閣と駅名とが、違和感なく共存しています

それにしても、全20駅の3分の1を超える7駅の駅名を一気に変更するのは異例のこと。やるならとことんという思い切りの良さを感じます。駅名そして名称の変更から10年以上が経ちました。当時を知る管理部の鈴木理夫《みちお》部長はこう話します。「嬉しいですね。駅名はマップにも載りますし、やはりわかりやすい表記で、沿線地域と一体感のあるものでなければいけないと感じました。こうしたことも、インバウンド客だけでなく嵐電の乗客増の理由の一つだと思います」。

改名により雅で京都らしい駅名になっただけでなく、観光客にとってのわかりやすさもアップした。

## 嵐山は夜がいい

嵐電は嵐山本線の西大路三条～山ノ内間と蚕ノ社《かいこのやしろ》～太秦広隆寺周辺にしか道路との併用軌道はありません。ほとんどが新設軌道のため、道路を走っているのが逆に貴重な風景となっています。夕方から夜にかけては観光よりも生活路線になり、仕事を終えた会社員風の人たちが短い区間で乗り降りしていきます。

そのため利便性アップにも力を入れています。2017年、西院《さい》駅と隣り合っていながら乗り継ぎがしづらかった阪急京都線西院《さいいん》駅との連絡をバリアフリー化。並行してダイヤ改正も行い、ハード・ソフト両面から乗り継ぎを改善しました。利用者数が前年同期より15％増加するなどさっそく効果が現れています。

ところが、最近、観光客の間でもっぱら評判なのが「嵐山駅は夜がいい」というもの。あれ、生活路線になるんじゃなかったの？　というわけで、日の暮れかかった時間帯に四条大宮駅を出発する電車に乗って出かけてみました。終点の嵐山駅に着く直前、窓の外を眺めていると、思わず「わあ！」と声が出ました。電車が幻想的な光の中に進んでいくのです。たくさんの鉄道に乗り、たくさんの駅に降りましたが、こんな経験は初めてでした。

これは京友禅を中に入れた約６００本のアクリルポールを林に見立てた「キモノフォレスト」です。32種類の美しい色や柄の京友禅がＬＥＤの灯りを透かして光る様子はとても幻想的。カメラやスマホを持った人たちがたくさん歩いています。インスタ映えする名所として今

嵐山駅のキモノフォレスト。日が暮れると灯りがともり、京友禅が暗闇の中に浮かび上がるように見える。浴衣や着物で訪れる人も多い。

や大人気となっています。

観光地として知られている嵐山ですが、かつては日暮れとともにお店のシャッターが閉まるとも言われ、夜が弱点の一つだったのです。そこで嵐電は、嵐山駅の駅舎の2～3階にあった女性専用ホテル「嵐山レディースホテル」を2002年に全面改装。照明デザインを得意とするデザイナー・森田恭通《やすみち》氏のデザインによって、現在の「嵐山駅はんなり・ほっこりスクエア」へと生まれ変わらせました。

竹と水で駅を飾り、さらにコンコースをダウンライトで演出。駅自体が旅の記憶に残る仕掛けとしたほか、年中無休で夜8時までの営業というスタイルでオープン。嵐山の夜の観光活性化の起爆剤となることを目指しました。他にも地域の切実な希望だったトイレやベンチ、有人インフォメーションを駅構内に設置するなど、エリア全体への貢献を優先。「嵐電の駅」ではなく「地域の駅」であることを意識しているのです。

その後、段階的にリニューアルを進め、2013

年には同じく森田デザインの「キモノフォレスト」を設置。さらに改札口をなくし、誰もが回遊できる駅空間にしました。なんて大胆なのでしょう。特にキモノフォレストは、その後のインバウンド客の急増を森田氏が予見して提案したものとのことで、その先見の明には驚くばかり。また、ホームには電車を見ながら入れる足湯もあります。

また、営業しているお店は、京都らしさを大切にした京漬物や八つ橋、雑貨などのお店や、レストラン、カフェなどに加え、嵐電が経営するフードコーナーやレンタサイクルもあります。夜8時までの営業は大変な面もありますが、テナント各店の協力で実現しているとのこと。さらに、駅近くの寺院である天龍寺塔頭《たっちゅう》宝厳院や鹿王《ろくおう》院の秋のライトアップともしっかり連携しています。自社だけの利益追求ではなく、地域全体での集客や活性化を目指して、多くの関係先との連携が進んでいるのです。

段階的なリニューアルによって大きく様変わりした嵐山駅。電車に乗るもよし、のんびり過ごすのもよし。

## 「振興」ではなく「深耕」

こうした取り組みの背景にあるのが、嵐電が掲げる「沿線深耕」という言葉です。「振興」ではなく「深耕《しんこう》」。地域と鉄道は一体であるという考えに基づき、沿線の資源や良さを深く発掘・再構築し、沿線を住んでみたい、魅力ある地域にするため、鉄道会社として積極的にお手伝いをしていこうという思いが込められています。いくらインバウンドが好調とはいえ、反対にその混雑ぶりが避けられ、嵐山では日本人の観光客が減ってきているとの報告もあります。観光客もそこに住む人も、バランスよく共生できる地域になっていかなければならないのです。

とはいえ、大手私鉄のような宅地開発や大型施設の誘致ができるわけはありません。これまで見てきた通り、今ある沿線の資源を生かし、弱点を補いながら、沿線地域のさまざまな関係先との連携によって利便性やエンターテインメント性を高めていくことに活路を見出しているのです。

「沿線深耕」の最初の事業は「嵐電教室」でした。立入禁止の車両工場などを、特別に沿線の小学校3年生に公開。普段は目に触れることの少ない安全を守る仕事の見学やマナー教室などを行い、子どもたちがまず「嵐電ファン」として、公共交通機関を安全にマナー良く利用できるようにと実施している事業です。教室終了後には、受講した児童全員に、「次は一人で乗ってみてね」と、一定額がチャージされた嵐電のＩＣカードを嵐電教室受講証明書としてプレゼントしています。

２０１８年から始めた「めぐるたび京都」では、鹿王院や臨川《りんせん》寺など沿線のお寺と協力し、

小学３年生を対象に行われる「嵐電教室」の様子。

非公開場所の特別公開や少人数での庭園ライトアップなどを行うことで特別感を演出。沿線地域の中であまり知られていなかった資源を発掘したり、これまでとは異なる演出によって新たな価値を提供するなどして、訪れた人々に「嵐電ならではの旅」を体験してもらう狙いです。

また、地域住民が取り組んでいることや、地域の名所旧跡を電車の車内に再現する独特の企画も行われています。

２０１８年に登場したのが、日本初の「健康電車」。つり革と座席の一部に握力グリップと腹筋力アップ椅子が備え付けられた特別仕様の電車です。「健康長寿のまち右京」を掲げる地元の京都市右京区役所と相談する中で生まれた取り組みでした。最初は体脂肪や血圧が測れないかという提案で、真面目にメーカーに相談に行ったそうですが、揺れる車内ではきちんとした値が計測できないと至極もっともな指摘をされ、あえなく断念。安全運行を守りながらできる仕掛けとして、握力グリップと椅子に落ち着いたそうです。

２０１９年夏には、仁和寺観音堂特別公開に合わせた「観音電車」が走りました。貴重な沿線資源である仁和寺観音堂を広く発信し、参拝客を増やしていこうと、車体には御本尊である千手観音様が大きく描かれ、車内も観音様の手や観音堂内の障壁画で装飾する徹底ぶり。大き

こちらが「観音電車」。間近で眺めるとインパクトがすごい。思わず手を合わせてしまった。

な千手観音像はかなりの迫力で、そんな電車が古都を走る様子は、京都らしさと上手くマッチしており、大好評でした。これもまた仁和寺の全面的な協力があってこそ。地域との良好な関係がうかがえる特別電車でした

地域密着というローカル鉄道にとっての王道にとどまらず、関西らしいユーモアも織り交ぜた嵐電の取り組み。鈴木さんはこう語ります。「苦しい時期もあったんですが、駅のリニューアルやイベント電車も含めて、自分たちでできることは何でもやり続けてきました。『どこまでやるねん』というのが大事で。大手に負けたくないからこそ、他社には真似できないことをやっていきたいと思っています」

時に京都らしく、時にユーモアたっぷりに、攻めの姿勢を忘れない。嵐電スピリッツ、ここにあり。

鉄分補給

【京福電鉄篇】

## こだわりの「全車同一性能」

西大路三条〜山ノ内間を走るモボ101形102号。京紫の嵐電カラーの車両が増えつつある。

嵐電が現在所有している車両は、すべてがかつて存在した阪神電鉄子会社の武庫川車両工業製となっています。歴史的にどう見ても京阪の流れが強いのに、なぜ阪神系の車両なのでしょうか？

そもそも阪神系車両の導入は京都電燈時代にまでさかのぼるようです。また、昭和39年(1964)、京福叡山線（現在の叡山電車）用に阪神電鉄から中古車両を譲り受けたことがきっかけとも言われていますが詳細は不明とのことでした。

車体のデザイン自体は大きく変更してきましたが、全車が同一性能を持つという「嵐電スタイル」の車両設計が特徴です。路面電車では珍しい連結運転を前提として、1930年前後に自動加速制御（間接制御）の吊掛駆動車を導入しました。これらの車両の主要機器類を流用し、新製された車体が昭和50年(1975)のモボ101形、昭和59年(1984)のモボ501形・1990年代のモボ600形・モボ21形となります。モボ301形は昭和46年(1971)、所有する予備機器を活用し、新製車両として登場しました。

さすがに最新となる2001年製のモボ2001形では、最新技術による「新嵐電スタイル」を採用。駆動方式に初となる並行カルダン式を採用、制御方式も他の車両とは異なるVVVFインバータ制御方式で、そのため従来車両との連結はできなくなっています。

以前はグリーンの車体や、ラッピング車両も多かったため色とりどりでしたが、2010年の100周年を機に、ほんのり赤味を帯びた日本の伝統色「京紫」を嵐電カラーとして、少しずつ統一を進めています。

西院駅下りホームから眺める車庫。たくさんの車両が並んでいる。

# 【京福電鉄】

やってみよう！

# 思い立ったら、お気軽「嵐山トリップ」

嵐山というと四季折々の表情を愛でる観光地という印象。しかし、ローカル鉄道目線ならまた違った味わい方がある。四条大宮や西院など、京都の中心部から20分ほどで到着。しかも、車両や駅の中に楽しみが詰まっている。これなら仕事帰りの寄り道感覚で行ける。出張や観光の空き時間にもぴったり。

START

四条大宮

西院

改善された阪急電車との乗り継ぎを確認してみよう。→P200

西大路三条
〜
嵐電天神川

数少ない併用軌道の区間を楽しもう。
→P200

太秦広隆寺

［京富］（下欄参照）のうどんでほっこりしよう。

帷子ノ辻

踏切や地下道のある複雑な駅構内を探険しよう。

嵐電嵐山

GOAL

京都の地酒なども楽しめる［嵐電バル］や足湯など嵐山駅の中でたっぷり遊ぼう。→P202

## 駅近の名店　太秦広隆寺

### 京富《きょうとみ》

太秦広隆寺の四条大宮方面行きのホームに隣接というか直結しているうどん屋さん。京風だしと手打ちにこだわった麺が人気。麺類や丼のほか、甘味もあったりと嵐電観光の強い味方になってくれる。きつねうどん550円、天麩羅うどん970円。写真は九条ねぎ入りのかすうどん830円。

●京都市右京区太秦組石町10-3
☎075-865-2230　11:00AM〜7:30PM　水曜休

分析

# 関西のローカル鉄道はどうすごいのか？

関西のローカル鉄道11社の汗と涙の物語をお届けしました。最後に、それぞれのローカル鉄道の汗の方向性、つまり戦略と位置取りを分析しつつ、ローカル鉄道の未来を考えていきたいと思います。少々カタい話にもなってしまいますので、いまいち興味が持てない……と言う人は、読み飛ばしてください。

## 「楽しい」か、「一緒に」か

これまで特に説明もなく「ローカル鉄道」という単語を使ってきましたが、ローカル鉄道の定義は、明確に定まっているわけではなく、曖昧なものになっています。参考になるのは国土交通省の「地域鉄道」という考え方で、「新幹線でもなく、幹線となる在来線でもなく、大都市圏の民鉄や地下鉄などの都市鉄道でもない」と定義されています。そこでこの本でも、地域鉄道として位置づけられている全国の96社のうち、関西にある11社を紹介することにしました。

あらためて関西の11社はどのように戦略を考え、実行しているのでしょうか？　そもそも鉄道は乗客がいないことには存続することができません。そのために各社は乗客を増やすため、鉄道に乗ってもらうために、さまざまな努力をしています。その乗客はどこから来ているのでしょう。大きく分けると、地元である地域の住民か、観光客やインバウンドなど地域外の人たちかということになります。つまり、「中」からか「外」からか、どちらかです。

さらに、乗ってもらうためにどんな価値を提供しているかも大きく二つに分かれていました。

これには少し説明が必要です。鉄道とは何かと問えば、一義的には移動手段です。しかし、それだけではありません。特にローカル鉄道が基盤としている地方では、共通して人口減少が進み、車社会が当たり前です。そうした中で、鉄道は地方での移動手段としての役割を終えたという風にも捉えることができます。ならば、もう必要ないのか？

ヒントは京都丹後鉄道（P174）の寒竹《かんたけ》聖一社長の言葉にありました。「鉄道の持つ価値を多様化する」。どの鉄道会社も、移動手段を超えた新しい価値を生み出し、努力しているのです。

そこに大きく二つの潮流がありました。一つは人々を楽しませること。「乗って楽しい！」という感覚です。もう一つは地域とともに商品を開発し、街をつくり、人をつくること。このどちらかの要素があることで、鉄道は単なる移動手段を超えた存在となり、人々に支持されるのです。

先にも触れたように人口の密集する都市を離れて運行しているローカル鉄道は、直接的に移動や便利に貢献することがどうしても難しい構造に置かれています。鉄道の価値の多様化とは、だからこそ生まれた逆転の発想であり、イノベーションだと言うこともできるのです。

以上を踏まえ、11社の主な取り組みと戦略を、ターゲット（乗客）が「中」か「外」かを横軸に、提供している価値が「楽しい」か「ともにつくる」なのかを縦軸にしてマトリクスに描いてみました。いずれもきれいに分類できるものではありませんが、中心的に光を当てた取り組みについて便宜的に整理したものと考えてください。

**■取り組みの方向性によって分類した関西ローカル鉄道マトリクス**
**（筆者制作）**

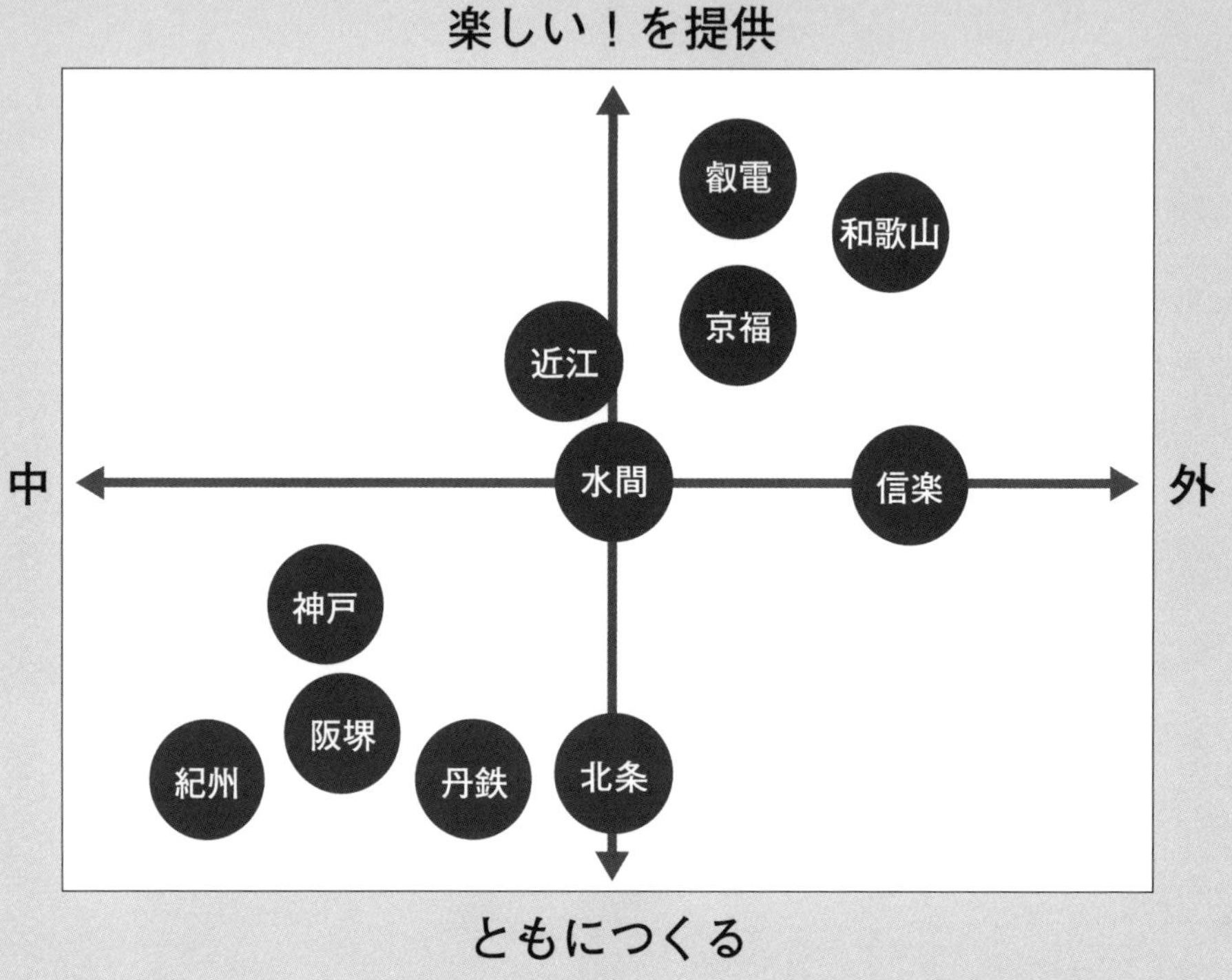


## 関西11社をタイプ別に分類

### ①外の人に「楽しい！」を提供

わかりやすいところからいきましょうか。まずは図の右上、地域外の乗客に「楽しい！」を提供するゾーン。代表的なのが京福電気鉄道（Ｐ１９４）と叡山電車（Ｐ１６０）です。やはり京都という土地柄、外から訪れる観光客が圧倒的に多い。インバウンド旋風でさらに拍車がかかっています。

せっかく地域を訪れてくるその人たちに乗ってもらって、楽しんでもらおうという戦略。叡電では、楕円をモチーフにした斬新な観光列車「ひえい」、パノラマ展望が自慢の「きらら」。京福なら京友禅を使ったポール６００本を林に見立てる嵐山駅の「キモノフォレスト」などがあります。京福の方が沿線地域との協力関係を強く意識しているので、「ともにつくる」の方に寄せました。

ところで、叡電の出町柳駅に併設されていたのがチェーンのファーストフード店だったのは、ちょっと残念でした。電車を眺められる絶好のスポットだけに、洛北や叡電に来たからこそ味わえる飲食店があってほしいと思いました。

叡山電車は「ひえい」など観光列車も名物になりつつある。

こんな風に感じるのも、時代の中でローカルの位置づけが変わってきたことを意味しています。以前は他の街と同じ水準のものが地域にもほしいという時代でした。しかし、現在はグローバル化による画一化が進み、どこに行っても同じようなお店があって同じようなものが売っているからこそ、逆にそこにしかないものを提供するローカルの価値は高まっています。

このゾーンにある鉄道も、地域の外をターゲットにしながらも、そのためには足下を見つめ、地元らしさを追求していく必要があるのではないでしょうか。

同じゾーンにある和歌山電鐵（P78）ですが、叡電や嵐電とはちょっと違います。もともとほとんど観光客がいなかった地域に自らがエンターテインメント的存在となり、外から人を呼び込む観光スポットになっているのです。

「地酒電車」をはじめとしたイベント列車を盛んに走らせている近江鉄道（P86）もこのゾーンの仲間ですね。他の3社よりは、近隣からの乗客が多いため、少し左寄りのポジションとなっています。

## ②「中」の人と一緒につくる

続いて、地域とともに創るという左下のゾーンを見てみましょう。

やはりお手本の一つは京都丹後鉄

道（P174）。ビジネスファンドをつくり、ビジネスクールをつくり、沿線の自治体にも利益を還元すると宣言する。自社だけではなく、常に地域と一緒に街とも人もつくっていこうという姿勢があります。［日光珈琲］など地域外の一流プレーヤーとも組んでいることから少し右の外寄りになりました。

自社をPRするためのお土産やお弁当を地元のお店に開発してもらい、御坊市役所や民間など地元との連携を深めている紀州鉄道（P56）も、ともにつくる鉄道のお手本の一つです。阪堺電車（P20）も、ちん電グルメが続々と登場、堺市役所からも支援を受けて連携しています。この2社は、京都丹後鉄道と比べてもより地域密着なので、左の中寄りのポジションとなりました。神戸市役所と共同で鈴蘭台団地の再開発など、街づくりに関わるようになった神戸電鉄（P144）が続きます。

地元のつながりを活かして頑張る紀州鉄道。

### ③その他の戦略

新型ヘッドマークで外から乗客を呼びつつ、地元特産の水茄子カレーを売り出し、水間寺の再活性化も視野に入れている水間鉄道（P42）はちょうど真ん中になるのかもしれません。気をつけないと中途半端になってしまう恐れもありますが、両方を見据えて取り組んでいくのは必要なことではないでしょうか。

信楽高原鐵道（P106）は、まだちょっと迷っているというか、明確な戦略が見えない感じでした。とはいえ地域に根ざしてきた長い歴史があります。これからに期待ですね。

さて、残るは北条鉄道（P122）です。こちらは地元の住民、そして地域外の鉄道ファンと一緒に駅をつくり、運営しています。いや、寄付をもらったり、ボランティアで工事をしてもらったり、イルミネーションを飾り付けてもらったり、ステーションマスターを務めてもらったりと、なんだかしてもらってばかりのような気も……。それでもなのか、だからこそなのか、たくさんの人が関わり、笑顔が増えている。これからのローカル鉄道のあり方に大きな示唆を与えてくれているような気がします。

　では、中と外、どちらを大事にするのがよいのでしょうか？

ステーションマスターが北条鉄道を盛り上げる。

　外＝観光客やインバウンドは水ものです。何かあれば、潮が退くように、一斉に来なくなるというリスクがあります。その時に支えてくれるのは誰なのか。そう、地元の人々です。やはり外だけではなく、中を大切にすることは欠かせないでしょう。人口減少時代、地域に愛されない鉄道は、生き残れません。

　とはいえ、今は中を大切にしている鉄道も、それだけで安泰というわけではありません。基本的に沿線人口は減っていきます。中に愛され、支えられることは大切ですが、それだけではジリ貧です。ぜひ中の人たちと一緒に、外から人を呼び込む方法を考え、チャレンジしてみてほしいと思います。

## 明らかな復活の兆し

　最新となる国土交通省の２０１６年度のデータを見ると、11社の多くが前年度の乗客数を維持または微減の水準で留まっています。これは実はすごいことです。

　もっと長い時間軸で見ると、10年前の２００６年度との比較では、なんと11社のうち8社が10年前の乗客数を上回っています。明らかに関西のローカル鉄道は復活しているのです。

　もっと減っているというイメージだったのではないでしょうか。「ローカル鉄道はどこも苦しい」という固定観念、もっと言えば常識が覆されたのではないでしょうか。

　繰り返しになりますが、車社会で

人口減の中、ローカル鉄道は何も手を打たなければ乗客が減るのが当たり前の厳しい環境にあります。もちろん年間乗客数にはさまざまな要因が絡みますが、それを差し引いても、この結果は偶然ではありません。そこには必ず、汗と涙がある！

　ずっと書いてきたように、それぞれのローカル鉄道の努力が反映され、数字を底上げしていると考えることが自然ではないでしょうか。

**■関西ローカル鉄道の乗客数の変化**（筆者制作）

［単位：人］

| 鉄道名 | 2016年 | 2006年 |
|---|---|---|
| 神戸電鉄 | 58569 | 47959 |
| 阪堺電車 | 7993 | 7900 |
| 京福電気鉄道 | 8011 | 6614 |
| 近江鉄道 | 4695 | 4355 |
| 叡山電車 | 7259 | 6191 |
| 水間鉄道 | 1859 | 2189 |
| 北条鉄道 | 340 | 311 |
| 紀州鉄道 | 107 | 85 |
| 信楽高原鐵道 | 438 | 519 |
| 和歌山電鐵 | 2201 | 2114 |
| 京都丹後鉄道 | 1806 | 1944 ※ |

※ 2006 年は北近畿タンゴ鉄道

　国土交通省が公開している「鉄軌道の廃止実績」（平成30年4月1日現在）を見ると、平成5年度以降、全国で64路線もの鉄道・軌道が廃止されています。距離にして１１３０km以上。よくここまでなくなったものだと、涙なしではとても語れませんが、涙をふいて注目していただきたいのが、近年は廃止が減ってきていることです。

　そして、ローカル鉄道が消えたのは、２０１２年が最後。これ以降はありません。直近の５年で廃線になったのはほとんどＪＲ線なのです。２０１５年、我らが関西の阪電車の一部が廃止されましたが、これは０・２kmのみ。そう考えると、現在は、ＪＲ受難の時代。ＪＲ北海道の問題に見られるように、当面はＪＲ各社が抱えるローカル線が廃線の焦点になってくるでしょう。

　これまで紹介してきた関西のローカル鉄道が乗客数を増やしているように、ローカル鉄道全体で見ても、復調傾向にあるのは確かです。

　それでも、ローカル鉄道も二極化しているのが実態と言えます。明らかに復調している鉄道と、残念ながら復調の兆しが見られず、乗客が減り続けている鉄道と。明らかに差が生まれ、そして広がりつつあることを考えると、今後ローカル鉄道の廃線第二波が来ることは避けられないのかもしれません。

ちなみに海外では、20世紀初頭から一旦は自動車交通が広がり、さらに飛行機が登場したこともあって、鉄道はどんどん縮小していきました。しかし、1990年代に入り、風向きが変わりました。自動車が増え過ぎたことで渋滞が起こり、都市が無秩序に拡大していくスプロール化や、旧市街地の衰退、環境に与える影響といった自動車社会のマイナス面がクローズアップされるようになったのです。

オイルショックもきっかけとなり、鉄道が見直され、路面電車を改良した新しい交通システムLRTが登場し、車と共存しながら鉄道を活かす街づくりが進められています。このあたりはヨーロッパの事例を紹介した宇都宮《うつのみや》浄人《きよひと》氏の『鉄道復権　自動車社会からの「大逆流」』（新潮選書）に詳しいので、ご興味ある方はぜひ読んでみてください。

日本では「赤字だから廃止」という議論が根強いのですが、これもグローバルスタンダードではありません。言ってしまえば一民間会社である鉄道会社が、インフラの維持更新まで含めて黒字経営の責任を負っているのは日本特有だと言われます。欧州では、鉄道の資本面や運営面を公的機関が支えるのが一般的な考え方です。日本もその方向へと向かうことを願って止みません。

これまで見てきたように、ローカル鉄道には移動手段を超えた多様な価値を生む可能性があります。本格的な人口減少時代に突入した日本で、これから地域に新しい鉄道や路線をつくることは基本的に難しい。そう考えると、今ローカル線が走っている地域は、他の地域が持てない「資源」を持っていると言い換えることもできるのです。

取材で全国を回ってみて、痛感します。鉄道と地域は運命共同体であるということ。定説として言われる「鉄道がなくなって栄えた地域はない」というのは、多くの地域に当てはまっています。

ローカル鉄道を地域資源と捉え、その資源を活かせるかどうかは、鉄道会社はもちろん、地域に暮らす私たち次第なのです。

# おわりに

## あなたの手にかかっている。

「ちょっと悔しい……」。この本を書くきっかけになったのは、実は、こんな気持ちでした。

２０１６年に執筆した『ローカル鉄道という希望―新しい地域再生、はじまる』（河出書房新社）。全国15のローカル鉄道と地域の再生を訪ね歩き、第42回交通図書賞という歴史ある賞の奨励賞をいただきました。

そこで知ったのが一般部門で受賞した『すごいぞ！私鉄王国・関西』。まずタイトルがすごい。読んでみたら、ほんとにすごい。とにかく面白い。黒田一樹《いつき》さんという著者と１４０Ｂという関西の出版社の作品でした。

その頃、わたしには『ローカル鉄道という希望』を読んだ人から「ローカル鉄道に乗りに行きたくなった」という、うれしい感想が多く寄せられていました。でもわたしの本には、行き方がまったくもって書かれていない。辺鄙なところにあるローカル鉄道はわざわざ調べて行くにはハードルが高すぎます。ローカル鉄道の応援の意味も込めて書いたのに、いまいち貢献できていないのではないかと悟ったのです。

『すごいぞ！私鉄王国・関西』には、電車に乗ってどう楽しんだらいいのかが書いてありました。だからこその冒頭の一言。やっぱり悔しかった。「次こそちゃんと行き方、乗り方、楽しみ方まで伝える本を書きたい……」。ふつふつと思いを抱えていたわたしに、授賞式でご縁がつながった140Bの編集者・大迫力さんがふと「次のすごいぞ！シリーズを出しますか」と声を掛けてくれたのです。ええ、神に見えましたとも。

その後、大迫さん、カメラマンの浜田智則さんと一緒に、関西のローカル鉄道を取材していきました。どこもとんでもなく面白かった。想像以上に、汗と涙とドラマがある。それなのにあまりにも知られていなくて「これは絶対伝えたい！」と突き動かされる気持ちになっていきました。

それでも実際、書き始めてみると、かなり苦しみました。前シリーズが面白すぎるのです。参考にしようと読めば読むほど、黒田さんの圧倒的な鉄道の知識や分析力、筆力に打ちのめされ、自信をなくしかけました。

思わず大迫さんに電話をかけると、大迫さんは言いました。「黒田さんとは面白いと思うポイントが違うのだから」。そうなのです。わたしは、苦しい環境にあって、諦めず、さらにユーモアを持って立ち向かっている関西のローカル鉄道の人たち、そしてその結果生まれるイノベーションに面白さを感じ、ワクワクしていたのでした。

黒田さんは本当にすごくて、尊敬しています。けれど、わたしは黒田さんにはなれない。そして、文章はごまかせません。背伸びして真似しても中途半端になってしまうし、心に嘘をつかず、自分が面白いと思ったことを一生懸命書いて伝えるしかないのだと、心が決まりました。

黒田さんは2017年、44歳の若さで亡くなられました。闘病しながら書かれた『すごいぞ！私鉄王国・関西』のあとがきは、何度読んでも涙がこぼれます。このあとがきを、書けない時やプレッシャーに押しつぶされそうな時、何度も読み返しました。

確かにわたしは黒田さんになれない。それでも鉄道を愛し、鉄道の面白さを伝える、ここだけは受け継ぎたいと思って、自分を奮い立たせました。どこまでできたか心許ないところもありますが、読者の皆さんからご意見いただけるとうれしいです。

あらためて、お忙しいなか、時間を割いて取材に応じてくれた各ローカル鉄道の担当者の方々、ありがとうございました。ジャーナリストは、書くことしかできません。私がこの本を書くことができたのも、各地で奮闘しておられる皆さまがおられたからです。感謝してもしきれません。

取材のかたわら、140Bが主催する「ナカノシマ大学」シリーズの一環で、講座「すごいぞ！関西のローカル鉄道」も担当させていただきました。毎回満員御礼となり、足を運んでくださる皆さまの存在は励みになりました。

本は一人ではつくれません。一緒につくってくれた大迫さん、浜田さんに最大級の感謝を。そして、黒田さんにも。

最後に、いつもなら読者の皆さまに向けて、読んでくれてありがとうと書くところです。しかし、今回は違います。繰り返しになってしまいますが、この本が目指しているのは、ローカル鉄道に乗りに行ってもらうことです。

ここまでしつこく言うのも、危機感を持っているからです。乗る人がいなければ鉄道は成り立ちません。縮小ニッポンのフロントランナーであるローカル鉄道にとって、今後、第二の大廃線時代が訪れることは、残念ながら、避けられないでしょう。でも乗る人が増えたら、違う未来もあるかもしれない。だから、ローカル鉄道の未来は、あなたの手にかかっているのです。

はじめにの冒頭で、何鉄ですかと尋ねました。この本をきっかけに、ローカル鉄道に乗って、一緒にローカル鉄道を盛り上げる「盛り鉄」にもなってくれたら、最高にうれしいです。先に言っておきますね。読んでくれて、そして、乗りに行ってくれて、ありがとうございました！

# 参考文献


## 各鉄道事業者発行物
社史、社内報、会社要覧、パンフレット、広報誌、ウェブサイトほか

## 統計
鉄道統計年報（国土交通省）各年度

## 雑誌
『旅と鉄道』（旅と鉄道編集部）各号
『鉄道ジャーナル』（鉄道ジャーナル社）各号
『鉄道ファン』（交友社）各号
『鉄道ピクトリアル』（電気車研究会）各号
『SAVVY』2017 年 7 月号（京阪神エルマガジン社）
『Meets Regional』2018 年 8 月号（京阪神エルマガジン社）
『路面電車の走る街（7）阪堺電気軌道』（講談社・2013 年）

## 書籍
五十嵐泰正・開沼博編著『常磐線中心主義』（河出書房新社・2015 年）
池田邦彦・栗原景『テツ語辞典』（誠文堂新光社・2018 年）
石川祐基『もじ鉄―書体で読み解く日本全国全鉄道の駅名標』（三才ブックス・2018 年）
伊藤博康『日本の鉄道ナンバーワン＆オンリーワン―日本一の鉄道をたずねる旅』（創元社・2014 年）
今尾恵介・杉崎行恭・原武史・矢野直美『日本の鉄道 車窓絶景 100 選』（新潮社・2008 年）
岩間昌子『ローカル鉄道の解剖図鑑』（エクスナレッジ・2016 年）
上杉剛嗣『駅弁読本』（柏出版社・2011 年）
宇都宮浄人『鉄道復権―自動車社会からの「大逆流」』（新潮社・2012 年）
宇都宮浄人『地域再生の戦略―「交通まちづくり」というアプローチ』（筑摩書房・2015 年）
宇沢弘文『自動車の社会的費用』（岩波書店・1974 年）
老川慶喜『日本鉄道史 幕末・明治編―蒸気車模型から鉄道国有化まで』（中央公論新社・2014 年）
老川慶喜『日本鉄道史 大正・昭和戦前編―日露戦争から敗戦まで』（中央公論新社・2016 年）
来住憲司『関西の鉄道車両図鑑』（創元社・2017 年）
黒田一樹『すごいぞ！私鉄王国・関西』（140B・2016 年）
黒田一樹『乗らずに死ねるか！―列車を味わいつくす裏マニュアル』（創元社・2014 年）
小嶋光信『日本一のローカル線をつくる―たま駅長に学ぶ公共交通再生』（学芸出版社・2012 年）
小嶋光信・森彰英『地方交通を救え！―再生請負人・小嶋光信の処方箋』（交通新聞社・2014 年）
小林庄三『水間鉄道』（ネコ・パブリッシング・2006 年）
清水浩史『海駅図鑑―海の見える無人駅』（河出書房新社・2017 年）
鈴木弘毅『ご当地「駅そば」劇場―48 杯の丼で味わう日本全国駅そば物語』（交通新聞社・2010 年）
鈴木勇一郎『おみやげと鉄道―名物で語る日本近代史』（講談社・2013 年）
田中輝美『ローカル鉄道という希望―新しい地域再生、はじまる』（河出書房新社・2016 年）
旅と鉄道編集部『時刻表探検―数字に秘められた謎を解く』（天夢人・2017 年）
チョーイクマン『鉄道への夢が日本人を作った―資本主義・民主主義・ナショナリズム』（朝日新聞出版・2015 年）
原武史『「民都」大阪対「帝都」東京―思想としての関西私鉄』（講談社・1998 年）
福井義高『鉄道は生き残れるか―「鉄道復権」の幻想』（中央経済社・2012 年）
PHP 研究所編『関西圏の鉄道のすべて』（PHP 研究所・2015 年）
松本創『軌道―福知山線脱線事故 JR 西日本を変えた闘い』（東洋経済新報社・2018 年）
水戸岡鋭治『電車をデザインする仕事―ななつ星、九州新幹線はこうして生まれた！』（新潮社・2016 年）
宮脇俊三『時刻表 2 万キロ』（角川書店・1984 年）
渡辺一史『北の無人駅から』（北海道新聞社・2011 年）

田中輝美　たなか・てるみ

大阪大学文学部卒。島根県の地方紙・山陰中央新報の記者を経て、フリーのローカルジャーナリストとして島根県に暮らしながら、地域のニュースを記録・発信。JR完全乗車を達成した「乗り鉄」の顔も持ち、『ローカル鉄道という希望』（河出書房新社・2016年）で第42回交通図書賞奨励賞を受賞。その他に『関係人口をつくる』（木楽舎・2017年）などの著書がある。2017年、大阪大学人間科学研究科修了。

すごいぞ！ 関西ローカル鉄道物語

2020年2月27日　初版発行

著者　田中輝美
発行人　中島 淳
発行所　株式会社140B（イチヨンマルビー）
〒530-0047　大阪市北区西天満2-6-8　堂島ビルヂング602号
電話　06 (6484) 9677
振替　00990-5-299267
http://www.140b.jp

ブックデザイン／イラスト　中村 健
写真　浜田智則
路線図　齋藤直己
印刷・製本　シナノパブリッシングプレス

　ISBN978-4-903993-42-3